Die Kinder dieser Welt
sind unter ihresgleichen klüger
als die Kinder des Lichts.

Jesus von Nazareth

Bestell-Nr.: RKW 5013

© 2017 by Kawohl Verlag, 46485 Wesel
Verlag für Jugend und Gemeinde
Alle Rechte vorbehalten

Titelfoto: Getty Images / XiXinXing
Lektorat, Satz und Umschlaggestaltung: RKW / J. Dörr
 Korrektorat: Inge Frantzen
Druck und Verarbeitung:
Drukarnia Dimograf, Bielsko-Biała, Polen

ISBN 978-3-86338-013-7   www.kawohl.de

Klaus Eickhoff

Tore für das Himmelreich

Was Christen von Fußballern lernen können

kawohl

Inhaltsverzeichnis

Geleitwort & Vorwort **9**
Aufwärmen **13**

Die Spannung

1 Jubel – Tränen – Torgeschrei 18
   Faszination: Schönster Herr Jesus
2 „Tore sind das Wichtigste ..." 22
   Womit die Kirche steht und fällt
3 Emotionale Achterbahn 25
   Hornhaut auf der Christenseele?
4 Neunzig Minuten 28
   Jetzt oder nie!

Das Spiel

5 Aus der Tiefe kommen – nach vorn stürmen 32
   Die kleine Kraft und das kirchliche Hamsterrad
6 Trainer, Spieler – und die Autorität 35
   Alles eine Frage der Vollmacht
7 Öl im Fußballgetriebe 39
   „Loben zieht nach oben"
8 Wer bestimmt das Spiel? 41
   Das sogenannte Gute ist das gut getarnte Böse
9 Zusammenspielen! 44
   Nicht nur zusammen spielen
10 Ärgerlicher Ballverlust 47
    „Auf der Suche nach dem verlorenen Wort"
11 Leidenschaft setzt Kräfte frei 51
    Tante Minna verwandelt ihr Dorf
12 Kurze Dribblings – weite Flanken 54
    Mut zu großen Sprüngen!
13 Verlieren und weiterkämpfen 57
    Die Kompetenz, nach dem Scheitern wieder aufzustehen

Das Training

14 Viele Talente – ein Ziel 62
   Wozu sind die Gaben da?
15 Training als Mannschaftsschmiede 65
   Wie Lehrlinge, die ein Handwerk lernen
16 Training ist wichtig, aber „die Wahrheit is aufm Platz" 69
   Der Lustzirkel des Lernens
17 Talente fördern 74
   „Schafe" erfahren, dass sie Hirten sind
18 Fußball – einst und jetzt 77
   Die Fehler von gestern sind die Lähmungen von heute
19 Nicht die Trainer – die Spieler spielen das Spiel! 80
   Gemeinde wie von einem anderen Stern
20 Masseure siegen mit 84
   Jeder ist wichtig und wird gebraucht
21 Spiele entwickeln sich 87
   Zauber der Verwandlung: Raupe und Schmetterling
22 Fußballvereine – die klugen Gestalter 94
   Gemeinde und die dynamische Struktur
23 Einigkeit macht's möglich 100
   „Ich bete, dass sie alle eins sind ..."
24 Sinnvolle Regeln – dynamisches Spiel 102
   Verbindlichkeit und die missionarische Infrastruktur
25 Offen für alles, was weiterbringt 105
   Neue Predigtkultur
26 Wenn Theorie auf Praxis zielt 111
   Lernlust am Sonntagmorgen
27 Kopfeinsatz 115
   Planen ist beten auf Papier

Die Störungen

- 28 Fouls, Fair-Play und Rote Karten 120
  Kirche mit den zwei Gesichtern
- 29 Zusammenprall 123
  Die Fundamentalismus-Keule
- 30 Bei Abseits wird gepfiffen 127
  Harmlose und falsche Motive
- 31 Beinharte Konkurrenz.................................... 130
  Vergebung und Gemeindezucht
- 32 Wenn der Abstieg droht................................. 133
  „Gericht am Hause Gottes"

Der Weitblick

- 33 „Für unseren Nachwuchs geben wir alles!" 138
  Sag mir, wo die Teenies sind ...
- 34 Persönlichkeit auf grünem Rasen 142
  „Glaubensriesen – Seelenzwerge"
- 35 Zusammenstehen 147
  „Dann wird die Welt glauben ..."

Schlusspfiff 149

Nach dem Spiel ist vor dem Spiel 152
Ein Plädoyer für klassische Evangelisation

Literatur.. 155

Abkürzungen:

NT Neues Testament
AT Altes Testament

Geleitwort

Als Klaus Eickhoff im besten Fußballeralter war, hießen die Stars Uwe Seeler, Helmut Haller oder Karl-Heinz Schnellinger. Wir regten uns über das Wembley-Tor auf, das keines war und begannen, uns an die Dominanz des FC Bayern München zu gewöhnen. Inzwischen schwärmt Klaus Eickhoff auch für Alaba, den österreichischen Star.

In jene Zeit damals gehört aber auch das Nachdenken über Mission. Es regte sich Widerstand gegen eine Missionstheologie, die Mission fast ausschließlich mit dem Kampf für irdische Gerechtigkeit identifizierte. Neue Ideen zum Aufbau lebendiger Gemeinden und moderne Formen der Evangelisation kamen auf. In den 1970er Jahren fanden viele zum Glauben, die heute in Kirche und missionarischen Werken Verantwortung tragen – so auch ich unter der Verkündigung von Klaus Eickhoff.

Nun könnte man sagen: Lang ist's her, wen interessiert das noch? Wen interessieren noch die missionarischen Aufbrüche der 1960er und 1970er Jahre angesichts der „fresh expressions of church"?

Klaus Eickhoff tritt mit seinem vom Fußball inspirierten Buch den Beweis an, dass sich Fußball und Gemeindeaufbau gut vergleichen lassen, und dass einer der Evangelisten und Gemeindeaufbau-Experten der ersten Stunde Aktuelles zum Thema zu sagen hat. Aktuell ist, was er schreibt, weil er bleibende Grundentscheidungen der missionarischen Gemeindearbeit herausstellt: die geistliche Bildung der Christenmenschen, das Entdecken der Gaben, die Bedeutung von lebendiger Gemeinschaft und mutig-sensiblem Zeugnis für Jesus, die Neubestimmung der Pfarr-Rolle, die Notwendigkeit sinnvoller Leitungsstrukturen und vieles mehr. Das allein macht das Buch lesenswert. Nun haben aber Mission und Fußball gemeinsam, dass man beide eigentlich nur mit Leidenschaft bedenken und betreiben kann. Wer sich gar als Fan von Arminia Bielefeld outet, weiß darüber hinaus: Beides ist eine Begeisterung, die Leiden schafft. Und Klaus Eickhoff leidet an vielem, was er in der Kirche wahrnimmt. Er legt den Finger in die Wunde, wo Kirche sich nur um sich selbst sorgt und dreht, und ruft zur Umkehr zum Evangelium, zu Jesus, zum werbenden Ringen um die, die Jesus nicht kennen. Dabei schreibt er auch der missionarischen Bewegung (und ihren jungen Wilden) einiges ins Stammbuch, z. B. die bleibende Wichtigkeit der öffentlichen Veranstaltungen.

Das ist alles sehr anregend, aufregend, nie langweilig – wie ein gutes Fußballspiel eben.

Prof. Dr. Michael Herbst
Greifswald, 4. Advent 2016

Vorwort

Liebe Leserin, lieber Leser,

liegt Ihnen Ihre Kirchengemeinde am Herzen? Wären Sie froh, wenn viele Menschen durch Ihre Gemeinde die Liebe Gottes erführen, zum Glauben an Christus kämen, besonders auch Leute jenseits der Mauern Ihrer Kirche? Dann wurde dieses Buch für Sie geschrieben.

Seit meiner Kindheit mag ich Fußball. Immer noch bin ich Fan von Arminia Bielefeld, obwohl ich schon 36 Jahre in Österreich lebe. Was ist an diesem Sport eigentlich so begeisternd?

Fußballspiele sind in der Regel voller Spannung! Wären sie langweilig, ginge da niemand hin. Um der Spannung willen wird um den Lederball ein klug durchdachter Aufwand getrieben. Das inspiriert mich, Fußballspannung und -klugheit mit der Spannung und Klugheit christlicher Gemeinden zu vergleichen. Dabei erlebe ich Dinge, die mir unter die Haut gehen. Manches macht froh, und manches macht traurig.

Was mir klar wurde, gebe ich weiter an die, „die mit Ernst Christen sein wollen" (Luther), die ihre Gemeinde lieben wie sie ist, sie jedoch zu sehr lieben, um sie so zu lassen.

Wenn Sie dieser Schrift zustimmen, sollten Sie in Ihrer Gemeinde damit geistliche Unruhe stiften. Setzen Sie sich dafür ein, dass die Anregungen zur Praxis wahrgenommen und möglichst umgesetzt werden! „Der Heilige Geist ist ein Praktiker."

Meine Frau Margit Johanna hat mir durch ihre Bibelkenntnis, ihren Spaß am Fußball und beim Korrekturlesen sehr geholfen. Dafür bin ich ihr von Herzen dankbar.

Klaus Eickhoff, Villach 2016

Aufwärmen

Die neue Gehirnforschung ist in der Lage, das Innere unserer Gehirne sichtbar zu machen. Unter unseren Schädeldecken leben *Beziehungs-Universen* mit jeweils einer Million Milliarden Synapsen. Geahnt haben wir es. Nun ist es erwiesen: Neben den Grundbedürfnissen wie Nahrung, etc. sind *gelingende Beziehungen* für uns das Wichtigste.

Im Buch der Bücher steht das längst. Als Jesus gefragt wird, was für uns das Wichtigste sei, antwortet er mit dem Hinweis *auf eine Beziehung* – auf die schönste, die denkbar ist:

„Du sollst den Herrn, deinen Gott, lieben von ganzem Herzen, mit ganzer Hingabe und mit deinem ganzen Verstand! Dies ist die größte und wichtigste. Ein zweites ist ebenso wichtig: Liebe deine Mitmenschen wie dich selbst! Mit diesen beiden Weisungen ist alles gesagt." Matthäus 22,34-40

Das Wort „Gott" ist für Jesus ein Beziehungswort durch und durch. Darum stellt der Nazarener die Beziehung zum Vater im Himmel an die erste Stelle. Das ist die Liebesbeziehung, die unzerstörbar ist! Sie überdauert das Sterben, den Tod, hört niemals auf.

Gott, der uns lieb hat, liebhaben! Das ist die Beziehung, die nie aufgekündigt wird. Diese Beziehung zu leben, zu pflegen, sich ihrer zu erfreuen Tag für Tag, in guten und in schweren Zeiten – etwas Schöneres gibt es nicht.

Die Beziehung zu Gott stellt uns in die liebende *Beziehung zu unseren Mitmenschen.* Nächstenliebe! Feindesliebe! Wo gibt es das? Das schenkt die Beziehung zu Christus.

Die Christusbeziehung begründet auch die *Liebesbeziehung zur Gemeinde.* Sie ist Jesu Braut, die der Bräutigam zu denen sendet, die Gott und seine Liebe noch nicht kennen.

Im NT finden sich, wie Eduard Schweizer gezeigt hat,[1] verschiedene Gemeindeformen und -gestalten. Das verwehrt uns, uns auf eine Form gesetzlich festzulegen. Jedoch, auf welche neutestamentliche Gemeindeform wir auch blicken, auf welche Formen sich heutige Landes-, Freikirchen oder einzelne Gemeinden auch einigen, der *Sendungsauftrag* als die Konkretisierung des Liebesgebots, gilt allen. Ebenso gab es anfangs kein von anderen Christen isoliertes Einzelchristsein. Man traf sich in Hausgemeinden – kleine Gruppen im Vollbewusstsein ihrer Sendung.

Leider lastet auf uns ein Erbe, das die Sendung erschwert. Viele Gemeinden sind *strukturell* so geartet, dass sich eine tiefe Beziehung der Glieder untereinander schwer knüpfen lässt. Im Gegensatz zu den Gemeinden des NT betonen unsere Strukturen eher ein *Einzel-Christsein*. Da kann sich das Band der geschwisterlichen Liebe, das alle einschließt, kaum entwickeln. Darum ist unser Erscheinungsbild nach außen oft negativ: Ansammlungen religiöser Solisten ohne liebende Ausstrahlung. Nur wenige Gemeinden wissen, wie es sich anfühlt, zusammenzuhalten, ein Herz und eine Seele zu sein, eine Gemeinschaft, die sich, von missionarischer Nächstenliebe erfüllt, zu denen senden lässt, die Christus nicht kennen.

Anstelle des Einzel-Christseins brauchen wir Orte des gemeinsamen Lebens, Entdeckens, des Voneinander-Lernens, des Miteinander-Gestaltens, kleine Erfahrungsräume, Orte der Entfaltung der geistlichen Gaben. *Oikos* heißt das im NT. Das waren Hausgemeinschaften, in denen man aß und trank, verschworene Gemeinschaften mit Leuchtkraft, die zu Christus riefen, in die Liebesbeziehung zu Gott.

Solange uns das fehlt, sind unsere Gemeinden bei allem wohlgemeinten Tun mit ihren oft im Ghetto lebenden Hauskreisen geistlich gelähmt.

---

[1] Eduard Schweizer: Gemeinde und Gemeindeordnung im Neuen Testament, Zürich/Stuttgart: Zwingli Verlag, 1962.

Im Glauben an den Auferstandenen geht es um alles, um die Ewigkeit und um die Menschenwürde. Ich kenne Gemeinden, denen das klar ist. Darum verkündigen sie Christus auch außerhalb ihrer Kirchenmauern. Das versetzt sie in Erwartung und hält sie in Spannung.

Dem gegenüber sehe ich Gemeinden, die ihre Sendung ignorieren. Jahr für Jahr dümpeln sie – oft sehr aktiv, aber geistlich spannungslos – vor sich hin. Die Irrtümer von gestern sind die Lähmungen von heute, und – sie nehmen sie nicht wahr.

Jesus hat in Gleichnissen Begebenheiten seiner Zeit mit dem Himmelreich verglichen. Einmal weist er auf die Klugheit der „Kinder dieser Welt". Wahrscheinlich würde er heute sagen: „Das Himmelreich gleicht einem Gehirnforscher, der erklärt: ‚Wir brauchen eine Beziehungskultur, in der jeder spürt, dass er gebraucht wird, dass alle miteinander verbunden sind, voneinander lernen und miteinander wachsen können'."[2]

Ähnliche Klugheit sehe ich in der Fußballwelt: „Das Himmelreich gleicht einem Fußballverein, der weiß, wie er alle seine Mitglieder begeistert und in den Dienst seiner Sache stellt." Zur Klugheit der Fußballer gehört ihre *Zielklarheit*. Sie begründet die Entschlossenheit aller, sich dermaßen einzusetzen, als ginge es um die wichtigste Sache der Welt.

Jesu Zielklarheit drückt sich so aus: „Der Menschensohn ist gekommen, zu suchen und zu retten, was verloren ist", Lukas 19. Darum sagt er „ist Freude bei den Engeln, wenn ein Sünder umkehrt zu Gott", Lukas 15. So lässt sich sagen: „Was für Fußballer das Toreschießen, ist für die Gemeinde das Gewinnen von Menschen für das Himmelreich." Jesu *Zielklarheit*!

Leider lässt sich diese in manchen Gemeinden nicht mehr ausmachen.

---

[2] Gerald Hüther: Kommunale Intelligenz. Potenzialentfaltung in Städten und Gemeinden, Hamburg: edition Körber-Stiftung, 2013, S. 9.

Könnten Fußballer ihr Ziel, Tore zu schießen, je vergessen? – Undenkbar! In Gemeinden geschieht jedoch das Undenkbare: Für Jesu Sendungsworte taub, für die Ewigkeitsnot der Menschen unempfänglich, erkennen sie ihr Ziel nicht mehr, ihre missionarische Bestimmung.

Eine fröhliche Fanfare ertönt aus der katholischen Kirche: Franziskus, der Papst, schreibt über die Verkündigung des Evangeliums in der Welt von heute. Von „nach Christus dürstenden Menschenmassen" spricht er, von der „Gemeinde als Zentrum ständiger missionarischer Aussendung", von der „Weitergabe des Glaubens", von der „missionarischen Bestimmung der Kirche und der Theologie", von der „evangelisierenden Gemeinde", von „missionarischen Herzen", vom „missionarischen Traum, alle zu erreichen" und darum „versteht die fröhliche evangelisierende Gemeinde immer zu feiern". Steilvorlagen auch für Protestanten![3]

Hier weiß einer, dass Jesu Verkündigung vor allem Straßenpredigt, Bergpredigt, Feldrede war. Das Evangelium gehört nun einmal besonders denen da draußen.

Das Evangelium hat seinen Ursprung in Gottes Erbarmen. Diesem Erbarmen hat Jesus Füße gegeben, unsere Füße: „Geht hin!" Die Gemeinde ruft die Menschen *um Gottes willen* zur Umkehr. *Um Gottes willen* besagt, dass es zunächst nicht um uns Menschen geht, sondern um Christus. Jesus ist Herr!

Gemeinden, die von Jesus lernen – und von der Klugheit der Kinder dieser Welt –, werden morgen schöner sein als sie es heute sind. Für die Menschen an ihren Orten, für die Gesellschaft überhaupt, werden sie *wichtiger als alles andere* in dieser nach Liebe lechzenden Welt.

Schluss mit dem Aufwärmen: Anstoß!

---

[3] Papst Franziskus: Die Freude des Evangeliums. Das apostolische Schreiben „Evangelii gaudium" über die Verkündigung des Evangeliums in der Welt von heute, Freiburg i. Br. / Basel / Wien: Herder, 2013.

Die Spannung

Jubel – Tränen – Torgeschrei
Faszination: Schönster Herr Jesus

Fallrückzieher – der Ball senkt sich ins Tordreieck des Gegners. Die Fans können den Mund nicht so weit aufreißen, wie sie schreien möchten. Zwar hat der Jubel etwas von Silvesterkrachern. Erglühen und Erlöschen liegen eng beieinander. Dennoch: Fußball lebt von der Begeisterung, die sich der Spannung verdankt. Wie geht das Spiel wohl aus?

Nach dem Spiel ist vor dem Spiel. Das heißt, die Spannung reißt nie wirklich ab. Von Spiel zu Spiel ist Hoffen und Bangen, helle Begeisterung im Wechsel mit tiefer Enttäuschung.

Völlig anderer Art ist die Begeisterung, die die Geburt der Kirche auslöst:

„Plötzlich setzte vom Himmel her ein Rauschen ein wie von einem gewaltigen Sturm; das ganze Haus, in dem sie sich befanden, war von diesem Brausen erfüllt. Gleichzeitig sahen sie so etwas wie Flammenzungen, die sich verteilten und sich auf jeden Einzelnen von ihnen niederließen. Alle wurden mit dem Heiligen Geist erfüllt, und sie begannen, in fremden Sprachen zu reden; jeder sprach so, wie der Geist es ihm eingab."

Apostelgeschichte 2,2-4

Gottes Geist kommt auf Jesu Leute. Was tun Menschen, wenn der Heilige Geist sie erfüllt? Sie überwinden ihr Schweigen, fangen an, von den „großen Taten Gottes" zu reden. *„Lalein"* steht im Urtext. Das Wort wird gebraucht, wenn Stumme geheilt werden und nun reden können. Bald hört man sie auf den Straßen und Plätzen, den Hügeln und Feldern. Sie erzählen, was ihnen Wunderbares durch Gott widerfahren ist, und – sie loben Gott. Kein Trällern an der Oberfläche des Daseins ist das. Das ist „Lob aus der Tiefe". So ist berichtet, welch Wirkung davon ausgeht, dass die Zeugen des Auferstandenen im Gefängnis singen und Gott preisen, Apostelgeschichte 16: „Das hörten die Mitgefangenen!"

Was hat Jesu Leute in Flammen versetzt?

Sie waren fasziniert vom Gekreuzigten und Auferstandenen, in dem der Ewige ihnen so nahe gekommen war. „Schönster Herr Jesus", heißt es im Kirchenlied. Die Faszination, die vom Schönsten ausgeht, sucht Worte, möchte seinen Willen tun, führt zur Schönheit liebevoller kleiner Gruppen und Gemeinden, die sich nicht in Kirchen und Kathedralen treffen, sondern „hin und her in den Häusern", Apostelgeschichte 2,46.

> *Die Faszination, die vom Schönsten ausgeht, sucht Worte, möchte Jesu Willen tun, führt zur Schönheit liebevoller kleiner Gruppen und Gemeinden.*

Wir heutigen Christen glauben auch, beten, lesen die Bibel, gehen in den Gottesdienst. Dass wir von Jesus fasziniert sind, ist eher selten zu spüren. Darum erklingt das Gotteslob nach außen so spärlich. Im Alltag sind wir oft hilflos, wenn es gilt, Christus zu bezeugen.

Das Feuer ist nicht erloschen. In jedem, der glaubt, ist es da – und sei es nur noch als glimmernder Docht. Wer einem Zweifler oder Spötter aufmerksam zuhört, darf ihm danach sagen, dass die Liebe Gottes ihm persönlich gilt. Schlichtes Bekennen lässt das Feuer in uns wieder aufflammen, selbst wenn wir aktuell scheinbar nichts ausgerichtet haben.

Eine Gemeinde, die sich senden lässt, erfreut den Geist, denn der ist für die Sendung gegeben. Er drängt zum Weitersagen. Darum konnten es Jesu Leute – selbst unter Repressalien – nicht lassen, „von dem zu reden, was sie gesehen und gehört haben", Apostelgeschichte 4,20.

Als das Feuer des Geistes auf die Jünger gekommen war, sammelten sie sich alsbald in ihren Häusern, lobten Gott, erzählten, was sie in der Nachfolge Jesu erlebten. Die Nachbarn bekamen das mit. Der Glaube breitete sich aus. Bald taten sie es ihrem Herrn gleich – gingen in die Städte und Dörfer, verkündigten die Botschaft von Gottes Reich. Verfolgung begann. Das Evangelium war nicht aufzuhalten. Im Gegenteil, es breitete sich vom Gotteslob begleitet unaufhaltsam aus.

Heute erleben es Christen in Ländern des Islam genauso. Manche, so ist zu hören, gehen von Jesus erfüllt Gott lobend in den Tod. Keine Macht der Welt, keine Anfeindung und Verfolgung von außen kann den Lauf der frohen Botschaft hindern. Das hat sich der Gemeinde Jesu von Anfang an unauslöschlich eingeprägt.

In tödliche Gefahr gerät die Ausbreitung des Evangeliums allein von innen, durch tote Gemeinden. Tote Gemeinden – oft hyperaktiv – halten sich für lebendig. Tote wissen nun einmal nicht, dass sie tot sind. „Tote Gemeinden" sind wohl die schwerste Not für Christen und Bürgergesellschaft, weil sie die frohe Botschaft nicht in die Öffentlichkeit tragen. So unterbleibt das Schönste, was unter Christen denkbar ist.

Wegen toter Gemeinden wird *zum einen,* die Herrschaft des Auferstandenen in der Öffentlichkeit verleugnet. *Zum anderen* werden viele Menschen am eigenen Ort von der Frohbotschaft nicht erreicht. Sie wandern ohne lebendige Hoffnung ins Grab. *Sodann:* Wegen toter Gemeinden erkaltet die Liebe unter den Menschen, denn die Liebe wird in die Herzen derer ausgegossen, die Christus vertrauen, Römer 5,5. Wegen toter Gemeinden stoßen zudem islamische Flüchtlinge bei uns auf ein geistliches Vakuum.

Tote Gemeinden sind schlimmer als alles andere. Von daher wird verständlich, was der Prophet sagt und der Apostel: „Das Gericht beginnt am Hause Gottes", Jesaja 29,9-14; 1. Petrus 4,17.

Wenn wir Christen doch – wie die Fußballer ihre Tore ersehnen – herbeisehnten, dass Menschen umkehren zu Gott! Unsere Gemeinden würden sich wandeln von toter Gläubigkeit hin zur *missionarischen Nächstenliebe*. Gemeinden würden lernen, von der Schönheit Jesu zu erzählen, würden erleben, wie Gott den Menschen die Herzen auftut. Da wäre die heilige Spannung spürbar, die lebendigen Gemeinden eigen ist.

Durch Jesus Christus ist unser Leben in die Hochspannung von Zeit und Ewigkeit gestellt. Die Spannung, das Gotteslob, die Freude und der Ernst der Christen können nicht verborgen bleiben. Das bekommen die Menschen jenseits der kirchlichen Mauern zu spüren. Wo werden nach Wahrheit Suchende ernster genommen als in missionarischen Gemeinden?

Dass unsere Gemeinden die Menschen mit ihrem meist unbewussten Verlangen nach Vergebung und ihrer Ewigkeitsnot wieder wahrnehmen und ernstnehmen, ist die große Angelegenheit, um die es heute geht. Helmut Thielicke, der Theologe, schreibt über Spurgeon: „Uns tut die einfältige Art not, in der Spurgeon zu sagen wagt, es gehe eigentlich und letztlich nur darum, Sünder selig zu machen. Ja, es gehe darum, ‚dass wir in den Himmel kommen'." *„Alles andere"*, so Thielicke, *„ist verdünntes kulturprotestantisches Geschwätz ..."*[4]

Ein Philosoph unserer Tage formuliert es so: „Worin das Problem des Lebens besteht, lässt sich sagen. Wir wollen wissen, wie wir nach Hause kommen."[5] Hier erspürt einer seismografisch die Sehnsucht der Zeitgenossen: *Nach Hause kommen!* Weil Gott ihr Schöpfer ist, wohnt tief in den Seelen das unergründliche Heimweh, Ewigkeitssehnsucht, Ewigkeitsnot.

---

4 Helmut Thielicke (Hg.): Vom geistlichen Reden. Begegnung mit Spurgeon, Stuttgart: Quell Verlag, 1961, S 49. Hervorhebung KE.
5 Peter Strasser: Journal der letzten Dinge, Frankfurt a. M.: Suhrkamp, 1998, S. 243.

„Tore sind das Wichtigste ..."
Womit die Kirche steht und fällt

Miroslav Klose sagte einem Reporter: „Tore sind das Wichtigste beim Fußball!" Wow! Fußballer haben etwas, von dem sie sagen können: „Das ist uns das Wichtigste!"

„Was ist das Wichtigste der Kirche?", frage ich gelegentlich die Christen, die mich zu Vorträgen einladen. Allgemeines Rätselraten. „Die Verweltlichung aller Dinge zwischen Himmel und Erde" (Peter Strasser) hat auch der Gemeinde zugesetzt.

In knappen Worten beschreibt Jesus Ziel und Zweck seines Daseins: „Der Menschensohn ist gekommen zu suchen und zu retten, was verloren ist", Lukas 19,10. Um irgendetwas anderes kann es in seiner Nachfolge substantiell nicht gehen. Paulus weiß von dem, der will, „dass alle Menschen gerettet werden und zur Erkenntnis der Wahrheit kommen", 1. Timotheus 2,4.

Klarer geht es nicht. Die Reformatoren haben das auf ihre Weise formuliert. Sie sprachen von dem „Artikel, mit dem die Kirche steht und fällt". Dieser Artikel meint die Rechtfertigung des Sünders vor Gott nicht aufgrund von Werken, sondern allein aus Gnade und Glauben: „Alle haben gesündigt, und in ihrem Leben kommt Gottes Herrlichkeit nicht mehr zum Ausdruck, und dass sie für gerecht erklärt werden, beruht auf seiner Gnade. Es ist sein freies Geschenk aufgrund der Erlösung durch Jesus Christus", Römer 3,23-24.

Jesus sagt: „Es ist Freude bei den Engeln, wenn ein Sünder umkehrt zu Gott", Lukas 15. Die Engel jubeln. Sie wissen, womit die Kirche steht und fällt!

Die einzigen Leute in der Welt, die von der Liebe Gottes zu den Sündern wissen, sind die Christen. Jesus sendet sie mit der Frohbotschaft in die Welt. Johannes sagt es so: „Gottes Liebe zu uns ist daran sichtbar geworden, dass Gott seinen einzigen Sohn in die Welt gesandt hat ...", 1. Johannes 4,9. Gottes Liebe und das Senden des Sohnes sind demnach eins! Der Sohn wiederum sendet seine Jünger-Gemeinde. So ist eine von Jesu Liebe erfüllte Gemeinde seine Gesandtschaft, Jesu missionierende Schar.

Gemeinde Jesu ist missionarisch. Sie ist es in der Doppelgestalt als *Missionsstation* und als *Missionsmannschaft*.

Missionsstation – das ist die Gemeinde als umfriedeter Raum, als Diakonie, soziales Handeln, Lehre, Seelsorge, Zuwendung, Geborgenheit: *Diakonische Nächstenliebe.*

Missionsmannschaft – das ist die Gemeinde als Botschafterin. Sie ruft die Menschen jenseits ihrer Mauern zu Christus: *Evangelistische Nächstenliebe.*

Mission ist beides: *Diakonie* und *Evangelisation*.

Diakonie ist das Standbein der Mission. Evangelisation ist das Spielbein der Mission. Diakonische Hilfe leisten auch Menschen, die keine Christen sind. Gott sei Dank! Evangelisieren jedoch, können *nur* die Christen. Darum ist dieser besondere Dienst an den Armen und Verlorenen – seien sie in Lumpen gekleidet oder in Seide – *das Einzigartige, das Besondere, das Unverwechselbare der Kirche, einer jeden Gemeinde.* Evangelisieren vermag niemand anders in der Welt als die „Gemeinschaft der Heiligen"! Durch Evangelisieren finden Menschen zum Glauben, auch und gerade zukünftige, potenzielle Diakone. Wenn eine Gemeinde heute evangelisiert, wird sie morgen Diakone haben. So wichtig ist

> *Die einzige Gemeinschaft der Welt, die von der Liebe Gottes zu den Sündern weiß, ist die Gemeinde der Christen.*

Evangelisation. Das Kümmern um das Seelenheil der Menschen ist der allersozialste Akt. Da geht es nicht allein um das ewige Heil, sondern um die Veränderung im Diesseits. Leider ist das Spielbein kaum im Spiel. Man stelle sich einen Fußballer vor, der auf dem Standbein verharrend, sein Spielbein nicht einsetzt ...

Evangelisieren ist Sache der gesamten Gemeinde: Bei einem evangelistischen Einsatz steht die Fürbitte oben an. In den Gottesdiensten und Kreisen wird intensiv gebetet. Grafisch Begabte entwerfen Einladungen, andere laden ein. Etliche stellen sich als Seelsorgehelfer zur Verfügung. Techniker werden gebraucht. Vielleicht gibt es Leute mit der Gabe der evangelistischen Rede in der eigenen Gemeinde. Sonst bitten wir einen auswärtigen Verkündiger, mit seiner Gabe der evangelisierenden Gemeinde zu dienen. Alle helfen mit. (Siehe: Ein Plädoyer für klassische Evangelisation).

Wie orientierungslos Gemeinden sind, zeigt sich immer dort, wo sie das Ausüben ihres Einzigartigen, ihrer Kernkompetenz aufgegeben haben. Mit dem Evangelium beherzt an die Öffentlichkeit zu treten, anstatt sich hinter den kirchlichen Mauern zurückzuziehen, macht jede Gemeinde wichtig für die Menschen an ihrem Ort.

Diakonie und Evangelisation – wie verhalten sie sich zueinander? Ohne die Diakonie verliert die Evangelisation ihre Glaubwürdigkeit.[6] Ohne Evangelisation wird Diakonie bald geistlos, wird „gottlose Nächstenliebe".

„Unsere Zeit ist ... eine Zeit gottloser Nächstenliebe, einer Nächstenliebe, die die Not des Menschen unterschätzt und ihm weniger gibt, als er braucht. Wir brauchen Menschen, die die Welt mit Jesu Augen sehen."[7]

Diakonie und Evangelisation sind zu unterscheiden, aber nicht zu trennen. Sie gehören zusammen wie siamesische Zwillinge. Wo sie zusammenbleiben, wird die Liebe erblühen, und der Dreieinige wird verherrlicht. Gott wird schön inmitten seiner Gemeinde.

---

6 Siehe dazu: Michael Herbst / Ulrich Laepple (Hg.): Das missionarische Mandat der Diakonie. Impulse Johann Hinrich Wicherns für eine evangelisch profilierte Diakonie im 21. Jahrhundert, Neukirchen-Vluyn: Neukirchener Verlag, 2012.
7 Reinhard Deichgräber: Verachteter Dienst. 6 biblische Betrachtungen zum missionarischen Auftrag, Gnadenthal: Präsenz Verlag, 1978, S. 7.

Emotionale Achterbahn
Hornhaut auf der Christenseele?

Fußball ist „großes Kino"! Die Gefühle überschlagen sich. Jubel und Enttäuschung geben sich die Hand. Mannschaft, Trainer, Vereinsvorstand, Fans – alles steht unter Dampf. Spiele werden mit den Beinen, mit dem Kopf, vor allem aber in den Herzen ausgetragen.

Weil das Herz mit im Spiel ist, überborden die Gefühle! Himmelhoch jauchzend – zu Tode betrübt. Emotionale Achterbahn.

Beim Glauben an das Evangelium sind die Herzen erst recht im Spiel: Die Liebe Gottes ist ausgegossen „in unsere Herzen durch den heiligen Geist, der uns gegeben ist" (Römer 5,5). Glaube – das ist Liebe, Liebe zu Gott, zum Nächsten, zum Feind, zur seufzenden Schöpfung (Römer 8). Obwohl das Evangelium viel zu denken aufgibt, ist es vor allem Sache des Herzens. „Als Jesus die Menschen sah, war er erschüttert, ihn ergriff tiefes Mitgefühl; sie waren wie Schafe, die keinen Hirten haben", Matthäus 9,36.

Die Sendung Jesu beginnt mit Gottes Barmherzigkeit – *misericordia Dei*. Das erinnert an die Stimme Gottes aus dem brennenden Busch, die Mose vernahm:

„Und der HERR sprach: Ich habe das Elend meines Volks in Ägypten gesehen und ihr Geschrei über ihre Bedränger gehört; ich habe ihre Leiden erkannt. Und ich bin herniedergefahren, dass ich sie errette aus der Ägypter Hand und sie herausführe aus diesem Lande in ein gutes und weites Land, in ein Land, darin Milch und Honig fließt, ... Weil denn nun das Geschrei der Israeliten vor mich gekommen ist und ich dazu ihre Not gesehen habe, wie die Ägypter sie bedrängen, so geh nun hin, ich will dich zum Pharao senden, damit du mein Volk, die Israeliten, aus Ägypten führst."

2. Mose 3,7 ff.

So beginnt die Existenz Israels: Gott hat das Elend seines Volkes gesehen, sein Geschrei gehört. Die Befreiung der hebräischen Sklaven aus der Herrschaft des Pharaos ist *das* vorchristliche Ereignis schlechthin. Am Anfang der Existenz Israels steht Gottes Erbarmen mit diesem kleinen Volk der Zwangsarbeiter. Am Anfang der Existenz des Gottesvolkes im Neuen Bund steht das Erbarmen des Gottessohnes mit Menschen, die wie Schafe ohne Hirten sind. Denn Jesu Blick geht über die Zeiten hinaus. *Seine Gabe ist das ewige Leben!*

Die Tatsache unserer Endlichkeit provoziert die Frage nach dem, was danach kommt. Das ist eine höchst sachliche und zugleich sehr emotionale Angelegenheit.

Es hat den Anschein, dass die Frage nach der eigenen Endlichkeit viele Zeitgenossen emotional wenig berührt. Fehlt ihnen der Mut, darüber nachzudenken, dass sie sterben werden. Fehlt ihnen die Fähigkeit? Ist es das Leiden an *Digitaler Demenz* (M. Spitzer), dass das Innere abgestumpft ist. „Lehre uns bedenken, dass wir sterben müssen, damit wir klug werden" betet der Psalmist. Das klingt heutzutage wie aus einer anderen Welt. Wie sollen die Zeitgenossen klug werden, wenn sie das nicht mehr bedenken *können?* Hat man zu viele virtuelle Tode gesehen, sodass man den eigenen auch nur noch virtuell zu empfinden vermag, irgendwie unwirklich?

> *Die Tatsache unserer Endlichkeit provoziert die Frage nach dem, was danach kommt.*
> *Das ist eine höchst sachliche und zugleich sehr emotionale Angelegenheit.*

Die Gemeinde Jesu ist nicht *von* dieser Welt, lebt aber *in* dieser Welt. Hier ist sie dem Einfluss der Medien ebenfalls ausgesetzt, wenn sie sich nicht bewusst davor schützt. Was erschreckt, ist die Tatsache, dass sich Christen kaum bewegen lassen, denen, die nicht an Christus glauben, nachzugehen. Fehlt uns Predigern

Vollmacht, das Herz der Gemeinde zu bewegen, sich um das Heil der Leute zu sorgen? Fehlt der Gemeinde die Empathie, das Einfühlungsvermögen, dass die Heilige Schrift *Erbarmen* nennt? Hat die Gemeinde zunehmend Hornhaut auf der Seele?

Wie wir sahen, war Jesus sehr bewegt, als er die Menschen sah, die wie Schafe waren, die keinen Hirten haben. Wir leben mitten unter ihnen. Es sind die von nebenan, vielleicht welche in der eigenen Familie.

Die liebende Gemeinde nimmt die heimliche Sehnsucht der Menschen, ihre verborgene Ewigkeitsnot ernst. Sie wirbt um die Herzen. Der Apostel schreibt: „... kleidet euch in tiefes Mitgefühl!" (Kolosser 3,12). Luther übersetzt „Erbarmen". Woher aber soll das kommen, das Erbarmen, wenn der Gemeinde die Fähigkeit, sich zu erbarmen, abhanden gekommen ist?

Wenn ich vor Gemeindegliedern über die Ewigkeitsnot derer spreche, die zum Vertrauen an den auferstandenen Christus noch nicht gefunden haben, sehe ich betroffene Gesichter, erkenne Zustimmung. Nach dem Vortrag sitzen wir noch mit einigen zusammen. Man redet über dies und das, macht Scherze. Über die angesprochene Not, die doch gerade so betroffen gemacht hatte, spricht niemand mehr. Nach 30 Minuten frage ich:

„Was denkt ihr über das vorhin Gehörte?"

„Gut, gut!", sagen sie.

Mir geht es dann gar nicht gut.

Wenn uns die Ewigkeitsnot der Menschen nicht bewegt, weil wir abgestumpft sind, sind wir mit den Menschen weder solidarisch, noch sind wir sozial. Wir sahen es oben schon: Das Kümmern um das Seelenheil der Menschen ist der allersozialste Akt.

Neunzig Minuten
Jetzt oder nie!

„Der Ball ist rund, und ein Fußballspiel dauert 90 Minuten", meinte Sepp Herberger, Trainer der deutschen Weltmeistermannschaft von 1954. Die berühmten neunzig Minuten! Die gilt es zu nutzen. Die sind die spannungsgeladene Zeit, in der sich oft viel entscheidet. Vom Anfang bis zum Ende besondere Spannung.

Als Metapher für „spannungsgeladene Zeit" diente den alten Griechen ein junger Gott namens „Kairós". Sein Standbild befand sich im Stadion der Stadt Olympia. Er hatte Flügel an den Füßen, auf der Stirn einen langen Haarschopf. Betraten die Wettkämpfer das Stadion, wusste jeder: „Gleich fliegt mein Kairós durch die Arena!" Den gilt es beim Schopf zu ergreifen. Kairós – Fußballfans kennen ihn nur zu gut, auch wenn sie vom Mythos der Griechen nichts gehört haben sollten:

Unverhofft steht ihr Stürmer vor dem gegnerischen Tor.

Hochspannung! Jetzt oder nie! *Das* ist Kairós.

Auch unser irdisches Dasein ist Kairós, unser einziges, das erste und letzte zugleich.

Jede Gemeinde steht unter der gleichen Spannung. Jedes Jahr, das sie erlebt, steht unter dem Motto: „Jetzt oder nie!" Darum gilt es *heute,* die Netze des Evangeliums auszuwerfen, in die zeitliche und die ewigkeitliche Not der Menschen vor Ort.

Die Alten wussten um die Dramatik. Sie sprachen von *Gnadenzeit,* kannten Jesu Worte:

> *Die Alten wussten um die Dramatik. Sie sprachen von Gnadenzeit.*

„Wir müssen den Auftrag dessen, der mich gesandt hat, ausführen, solange es Tag ist. Die Nacht kommt, in der niemand mehr etwas tun kann."

Johannes 9,4

Paulus hat es so gesagt:

"Lasst die Gnade, die Gott euch schenkt, in eurem Leben nicht ohne Auswirkungen bleiben! Gott sagt ja: Als es Zeit war, dir meine Gnade zu erweisen, habe ich dich erhört; als der Tag der Rettung kam, habe ich dir geholfen. Seht doch: Jetzt ist die Zeit der Gnade! Begreift doch: Heute ist der Tag der Rettung."

2. Korinther 6,1-2

Je wichtiger ein Spiel, umso größer die Spannung. Geht es um Abstieg, Aufstieg, Klassenerhalt oder gar um die Meisterschaft, dann hält man es vor Spannung kaum aus. Und doch – es ist nur ein Spiel. Kein Spiel dagegen ist es, wenn Ärzte oder die Feuerwehr gerufen sind, Menschenleben zu retten. Dafür lassen sie alles stehen und liegen. Man frage die Männer und Frauen vom Roten Kreuz oder die Feuerwehrleute, die Ärztinnen und Ärzte. Wenn es nun aber um die ewige Rettung geht? Sind da nicht erst recht alle Kräfte zu mobilisieren?

Aber können wir überhaupt Menschen für die Ewigkeit retten? Kann das nicht nur Gott allein? – Natürlich kann das nur Gott allein. Doch er tut es durch uns: „Gott selbst ist es, der die Menschen durch uns zur Umkehr ruft", so übersetzt die Neue Genfer Übersetzung 2. Korinther 5,20.

Bei einem Fußballspiel lassen sich die Tore nicht einfach „machen". Und doch machen die Spieler alles, damit es zu Toren kommt. Keine Gemeinde kann *machen*, dass Menschen zu Christus umkehren. Trotzdem: Sie tut alles, was sie kann, damit es geschieht.

An seinem Ringen um die Herzen hat Jesus seine Leute von Anfang an beteiligt. Ihre Berichte, die alten Texte, atmen bis heute die Ewigkeits-Spannung.

Die Kirche hierzulande hat in der Bevölkerung dagegen den Ruf, langweilig zu sein. Die Leute spüren uns keine Spannung mehr ab. Die verpufft, wo es Gemeinden um alles Mögliche geht, nur nicht darum, dass Menschen zur ewigen Heimat finden.

In allen Menschen ist ein Ahnen, ein stilles Mitwissen um ihre ewige Bestimmung, sei das auch noch so verschüttet. Sie haben Ewigkeitssehnsucht. Sie wurden auf das hin geschaffen, was diese Welt überbietet, überdauert, das Leben in Gottes neuer Welt.

Niemand wurde im Mutterleib gebildet, niemand wurde geboren, um schließlich und endlich zum Fraß von Würmern zu werden oder zur Asche für die Urne. Tief verborgen spürt es die Seele der Zeitgenossen. Das ist die große Not, dass ihnen selten jemand von der lebendigen Hoffnung sagt. Gemeinden behalten ihren Glauben an den Auferstandenen für sich.

Was ist das mit uns Christen, dass wir die Ewigkeitsnot und Ewigkeitssehnsucht der Leute so wenig wahrnehmen? Mir begegnet eine bedrückende Unkenntnis der Heiligen Schrift in den Gemeinden samt ihren Leitungen. Wie wollen wir Christen der Ewigkeitsnot begegnen, wenn wir die Schrift kaum kennen, die voll ist von Worten der Ewigkeit?

Vom Auferstandenen Zeugnis ablegen, glaubhaft und voller Zuversicht, das macht etwas mit jeder Gemeinde. Sie erlebt, wie wichtig sie für die Menschen ist.

Noch ist Kairós; noch ist Gnadenzeit.

Das Spiel

Aus der Tiefe kommen – nach vorn stürmen
Die kleine Kraft und das kirchliche Hamsterrad

Beim Fußball ist eine gute Technik der halbe Sieg. Was jedoch, wenn sich das Können kaum entfalten kann, weil den Spielern im Kampf die Luft ausgeht? Manches Match wurde nicht wegen spielerischer Unterlegenheit verloren, sondern aufgrund mangelnder Kraft. Krafttraining steht daher auf der Tagesordnung: Einübung der Kräfte und Sammlung der Sinne. Vor dem Anpfiff eines Spiels schart der Trainer sein Team noch einmal um sich. Die Kämpfer blenden alles Störende aus, besinnen sich, sammeln sich erneut.

Während des Spiels bleiben sie hoch konzentriert. „Aus der Tiefe kommen, nach vorn stürmen." Der Ball wird in den eigenen Reihen gehalten, auch zum Torwart zurückgespielt. So kommt Ruhe in das Ganze. Aus der geordneten Defensive kommt die Offensive.

Die Frage nach ihrer geistlichen Kraft ist die Schlüsselfrage der Gemeinde. Geistliche Leiter führen zur Stille, lehren die Glieder nicht allein das Bibellesen und Beten, sondern ein konzentriertes Leben vor Gott zu führen.

Die westliche Welt erlebt einen esoterischen Boom. Das Gebet der Christen gerät in den Hintergrund. Oft tun sich Gemeindeleiter ebenfalls schwer, ein Gebetsleben zu führen, Gemeinden vergeuden ihre Kraft in Aktivitäten, die die Neigung haben, ständig anzuwachsen. Man rennt, kommt keinen Schritt voran: Gemeinde im kirchlichen Hamsterrad.

In der Sammlung der Gemeinde entscheidet sich ihre Sendung. Wie will sie kämpfen, wenn ihr die innere Kraft dazu fehlt? „Denn unser Kampf richtet sich nicht gegen Wesen von Fleisch und Blut, sondern gegen die Mächte und Gewalten der Finsternis …", Epheser 6,12.

„Wir haben als Gemeindeglieder in der Regel vergessen, dass wir als eine militia christi zusammenkommen und dass das Gebet einen durch und durch agonalen (kämpferischen) Charakter hat. Gottes Reich soll sich gegen die Herrschaft des Bösen durchsetzen. Statt Kampfarena zu sein, ist der Kirchenraum zur Ruhe- und Schlafstätte verkommen."[8]

Die Hingabe an Gott und das Hingehen zu den Menschen gehören zusammen. Gebet ist die Kraftquelle missionarischen Handelns. Vollmächtige Mönche, betende Einsiedler und unsere Erweckungsprediger waren kämpfende Beter und betende Kämpfer. Von ihnen lässt sich lernen, was das Fußballspiel auf seine Weise zeigt: „Aus der Tiefe kommen – nach vorn stürmen."

In der Sammlung der Gemeinde entscheidet sich ihre Sendung.

Jesus hat sich zurückgezogen, bevor er unter die Menschen trat: „Früh am Morgen, als es noch völlig dunkel war, stand Jesus auf, verließ das Haus und ging an einen einsamen Ort, um dort zu beten", Markus 1,35. *Weil es auf den barmherzigen Gott gerichtet ist, macht Beten gegenüber Mitmenschen barmherzig. Beten ist ein besonderes soziales Tun, weil es neben Anbetung und Bitte herzliche Fürbitte ist.*

Fußballmannschaften ziehen sich von Zeit zu Zeit ins Trainingslager zurück. Auch Gemeinden brauchen Zeiten des Rückzugs. Sie führen, wenn sie weise sind, Einkehrtage durch.

Einmal bin ich einer Gemeinde begegnet, in der sich Christen in Stille-Zeit-Kreisen trafen. Der Pastor hatte das Geheimnis des Betens und Bibellesens für sich selbst neu entdeckt. Die Stille vor Gott hatte ihn verändert. Gemeindeglieder spürten das. Sie baten ihn, sie das Beten und Bibellesen zu lehren. Stille-Zeit-Kreise bildeten sich. Alle folgten dem gleichen Bibelleseplan. Sie schrieben sich bei der täglichen Bibellese zu Hause ihre Gedanken auf.

---

8   Rudolf Bohren: Das Gebet. Teil 1, Waltrop: Spenner, 2003, S. 256.
    Militia christi = Kriegsdienst / Feldzug / Heerschar Christi

Einmal in der Woche traf man sich zum Austausch und zum weiteren Gespräch, Hausfrauen vormittags, junge Eltern nachmittags, Jugendliche und Männer abends usw. Für viele mündete das in ein Training zur praxisorientierten Jüngerschaft! Zum Gedankenaustausch trat somit der Erfahrungsaustausch.

Trainer, Spieler – und die Autorität
Alles eine Frage der Vollmacht

Fußball-Deutschland freut sich über Joachim „Jogi" Löw. Als Fußballspieler schafft er es nicht zum Star. Er spielt 52 Bundesligaspiele und schießt sieben Bundesliga-Tore. 1994 beginnt er seine Trainer-Laufbahn, trainiert den VfB Stuttgart. 1997 wird der VfB Stuttgart Deutscher Pokalsieger. Nach Stationen im In- und Ausland wird Joachim Löw 2001 Coach des FC Tirol Innsbruck, der ein Jahr später österreichischer Meister wird. Jogi Löw hat entscheidenden Anteil am Sommermärchen 2006. Nach der Weltmeisterschaft im eigenen Land wird Jogi Löw Bundestrainer. Was auch bei der WM 2010 in Südafrika nicht gelingt (Aus im Halbfinale), klappt 2014. Deutschland wird in Brasilien nach dem 1:0 nach Verlängerung gegen Argentinien Weltmeister!

Was ist das um diesen Trainer? Jogi Löw strahlt selbst in Krisenzeiten Ruhe aus, Souveränität, Autorität. Das wünschen sich Fußballfreunde für alle Spieler: Ruhe, Souveränität, so etwas wie Vollmacht.

Was ist unter Christen *Vollmacht?*

Eine Mutter hat Vollmacht, ihr Kind, das nachts einen Albtraum hat, nicht nur momentan zu trösten, sondern ihm durch ihre Anwesenheit und ihr Wort den Grund fürs Urvertrauen zu legen: Vollmacht der Mütter und Väter.

Wenn Christen Vollmacht haben, schließt sich der Himmel auf, Kräfte der Ewigkeit dringen in eine Versammlung oder in ein persönliches Gespräch. Da verkündigt jemand den Sohn Gottes und plötzlich erfahren die Menschen: *Er ist da*! Wovon die Rede ist, das geschieht. Menschen kommen mit Schuld beladen in einen Gottesdienst – und gehen frei davon. Sie haben nicht nur Worte der Vergebung vernommen, sie haben Vergebung erfahren.

Vollmacht können wir uns nicht verschaffen. Sie muss uns gegeben werden.

„Ihr streitet und kämpft", schreibt Jakobus, „und habt nichts, weil ihr nicht bittet", Jakobus 4,2. Schon damals also gab es die Klage über die Gebetsarmut der Gemeinde. Der Schreiber fügt dann eine Beobachtung hinzu: „Ihr bittet und empfangt nichts, weil ihr *in übler Absicht* bittet, nämlich damit ihrs für eure Gelüste vergeuden könnt", Jakobus 4,3. Demnach liegt es nicht *nur* an der Gebetsarmut der Gemeinde, dass sie nichts empfängt. Wie schnell stellt es sich ein, persönlich erfolgreich sein zu wollen? Da ist das „Soli Deo Gloria" zerstört, das „Gott allein die Ehre".

Wenn eine Gemeinde ihre Sendung nicht ernst nimmt, zugleich aber um Vollmacht bittet, bittet sie wahrscheinlich „in übler Absicht". Sie will Vollmacht losgelöst von der Sendung, obwohl im NT die Gabe der Vollmacht an die Sendung gebunden ist.

Jesus spricht: „Mir ist gegeben alle Vollmacht im Himmel und auf Erden". *Jesu Vollmacht – wie kommen wir da heran?*

Mose hatte schon viel mit Gott erlebt: Die Befreiung aus Ägypten, die zehn guten Weisungen vom Sinai, und er hatte Gottes Namen erfahren. Aber ihn verlangte nach mehr. Er wollte nicht nur Gebote befolgen und an Verheißungen glauben. Er war auf das aus, was alle Menschen heimlich ersehnen: *Er wollte Gottes Herrlichkeit sehen!* (vgl. 2. Mose 33).

Darum soll es gehen, wenn wir predigen oder sonst Jesus bezeugen, dass die Menschen Gottes Herrlichkeit erfahren! Dazu ist es notwendig, dass wir sie zuvor selber geschaut haben. Um sie zu schauen, müssen wir sein Angesicht suchen!

Von Gott reden kann man leicht. Aber dass er sich zeigt, dass seine Gegenwart erfahren wird, ist nicht zuletzt das Geheimnis vollmächtiger Predigt. Was würde aus Menschen werden, wenn wir so verkündigten, dass sie die Herrlichkeit Gottes sehen!

Wenn wir es auch nicht herbeizwingen können, so können wir Gott diesbezüglich doch in den Ohren liegen.

Jesu Vollmacht bestand darin, dass er Menschen nicht nur zu Gott, sondern dass er Gott zu den Menschen brachte. Der Schöpfer war kein Predigtobjekt mehr, das man betrachten konnte. Umgekehrt: Jeder wusste sich unter *seine* Augen gestellt.

Matthäus berichtet am Schluss der Bergpredigt: *„Als Jesus diese Rede vollendet hatte, entsetzte sich das Volk über seine Lehre; denn er lehrte sie mit Vollmacht und nicht wie ihre Schriftgelehrten"*, Matthäus 7,28 f. Gottes Gegenwart verursacht eben auch Schrecken, Gottesfurcht. Vollmächtige Predigt löst nicht nur Freude aus. Sie kann auch erschrecken.

Vollmacht ist nicht Erfolg. Erfolge sind machbar. Mit Begabung und Geschick lässt sich eine Menge tun, auch ohne Vollmacht. In der Bergpredigt spricht Jesus von Pseudo-Erfolgreichen. Sie haben in seinem Namen geweissagt, Dämonen ausgetrieben, Wundertaten getan. Dennoch nennt Jesus sie „Übeltäter". Er hat sie nicht „erkannt".

Das Wort „erkennen" meint hier „Gemeinschaft haben". Sie haben biblische „Forderungen" erfüllt, hatten aber keine Beziehung zu dem, den sie „Herr, Herr" genannt haben.

Erfolg ist kein biblisches Wort. Die Schrift spricht von Früchten: Liebe, Freude, Friede, Geduld, Freundlichkeit, Güte, Treue, Sanftmut, Selbstkontrolle (vgl. Galater 5,22 f). Diese Früchte sind nicht machbar. Sie wachsen in der Verbindung mit Christus, dem Weinstock. Nicht an ihren Gaben oder Erfolgen sind geistliche Leute zu erkennen, sondern an den Früchten.

Wir brauchen Christen, die schweigen können. Wer die Stille sucht, hört das Flüstern Gottes am ehesten. *„Was euch gesagt wird in das Ohr, das predigt auf den Dächern"*, so legt es uns Jesus ans Herz (Matthäus 10,27).

Unsere laute Welt hält Stille kaum aus. In der Stille werden die Stimmen laut, die in uns rumoren, und der Feind ist mit seinen

Einflüsterungen nicht weit. Jesus braucht keine brillanten Redner, aber Boten mit einer durch das Wort geformten Existenz. Im Schweigen und Hören auf Gott kommt das Wort, das Menschen verwandelt.

Wir wollten Kirche des Wortes sein und sind Kirche der zu vielen Wörter geworden.

Botinnen und Boten, die sich im Schweigen üben, im Schweige angesichts der Gegenwart des Herrn, werden etwas zu sagen haben.

Öl im Fußballgetriebe
„Loben zieht nach oben"

Manchmal läuft alles wie geschmiert: Der Ball bewegt sich, als rolle er an einer unsichtbaren Schnur gezogen von Spieler zu Spieler über den Platz. Herrliche Ballstafetten!

Solch ein gelingendes Zusammenspiel ist auf Kommando nicht abrufbar. Dazu ist der Ball zu rund, die Form der Akteure zu schwankend, das Glück zu unbeständig. Eines ist zusätzlich unverzichtbar: Im Mannschaftsgefüge muss die „Chemie" stimmen. Ein kluger Coach schenkt Anerkennung, Lob, persönliche Zuwendung. Der Umgang der Spieler untereinander soll von Wertschätzung geprägt sein. Das wirkt wie Öl im Getriebe.

Der Berliner Tagesspiegel meinte, der Trainer Jürgen Klopp sei ein „emotionaler Berserker, ein Umarmer, ein Ansporner seiner Spieler".[9] In Interviews sprach Klopp oft begeistert über sein Team. Als gingen sie füreinander durchs Feuer, so mutete es an.[10]

Das NT stellt uns Jesus als Lehrer vor, man kann auch sagen, als Trainer: „Lernt von mir!" Er ist gewissermaßen der „Chef-Trainer", der Leiter und Gemeinde wertschätzt und ermutigt, auch ermahnt. Das Verhältnis zwischen ihm und der Gemeinde ist ein Verhältnis zwischen Liebenden. Liebe ist auch das „Öl" im Zusammenspiel der Gemeinde. Das drückt sich darin aus, dass die Christen einander wertschätzen, ermutigen und aufrichtig loben.

Ich glaube, dass im Loben ein Geheimnis liegt, fühlen wir uns doch durch ein echtes Lob berührt, als träfe uns ein Funke aus einer schöneren Welt. Du weißt dich angesehen, wertgeschätzt, auch liebgehabt, umarmt, von Herzen gewollt.

Warum tut es so gut, gelobt zu werden?

---
9   Der Tagesspiegel, Nr. 21427, Sonntag, 19. August 2012.
10 Siehe: David Kadel (Hg.): Die Fußball-Bibel, Asslar: Gerth Medien, 2012.

Beim Bibellesen hab ich es entdeckt: In der *Ewigkeit* wird gelobt! Das Himmelreich ist des Lobes voll. Da wird zuallererst Gott gelobt. Darum ist es das Beste, das jetzt schon zu üben. Überraschenderweise werden dort auch wir Menschen gelobt – von höchster Stelle: „Dann wird einem jeden von Gott sein Lob zuteil", 1. Korinther 4,5b; Römer 2,29. Wenn wir gelobt werden oder andere loben, dringt ein Funke aus der Ewigkeit in unsere Zeit. Darum ist unsere Seele – werden wir gelobt – so tief berührt.

Die Gemeinde sei ein Ort der ausgesprochenen Wertschätzungen. Gottes Liebe und Lob gilt es predigend an die Gemeinde auszuteilen. Das bewirkt ein liebevolles Miteinander. Die Gemeinde braucht die Liebeserklärungen ihres Vaters im Himmel. Wenn sie sich sonntags versammelt, ist Sehnsucht nach einer Predigt spürbar, die Gottes Liebe erfahren lässt.

Gute Worte heilen Wunden, die das Leben geschlagen hat.

Vergebung der Sünden geschieht unter den Worten der Liebe: „Ihr seid schon rein", sagt Jesus, „ihr seid es aufgrund des Wortes, das ich euch verkündet habe", Johannes 15,3. Solch eine Macht haben Worte der Liebe! Liebesworte trösten die Traurigen und Verzweifelten. Sie schenken Geborgenheit, lassen aufatmen, machen froh.

Liebevolle Predigt wirkt sich auch auf den Umgang der Gemeinde untereinander aus. Da ist bald weit mehr Wertschätzung als üble Nachrede. Da wird Gutes vom anderen gedacht und geredet. Man handelt nach Luthers Erklärung zum achten Gebot: *„Gutes von ihm reden und alles zum Besten kehren."*

Wo die Liebe in der Gemeinde wächst, wächst auch die Liebe zu den Menschen jenseits der kirchlichen Mauern. Werden sie vom Evangelium erreicht, mehrt sich das Gotteslob.

Wer bestimmt das Spiel?
Das sogenannte Gute ist das gut getarnte Böse

Geschlagen macht sich die Mannschaft vom Rasen. Abends kommt die Sportschau. Der Moderator fragt den Trainer: „Wie konnte es passieren, dass Sie dieses wichtige Spiel verloren haben – und dann noch auf dem eigenen Platz?" „Wir haben uns vom Gegner bestimmen lassen", bekennt der Coach, „er hat uns sein Konzept aufgezwungen. Es ist ihm gelungen, unseren Aufbau zu zerstören. Wir haben versäumt, das Spiel zu bestimmen."

Angesichts dieser Erkenntnis hilft jetzt nur noch eines: die „gnadenlose" Analyse. Der Trainer wird sich mit den Spielern zusammensetzen, alles durchgehen, auf die Fehler schauen. Drum-herum-Reden hilft nicht. Das Fiasko darf sich nicht wiederholen. Selbst das Spiel zu bestimmen ist entscheidend für jede Fußballmannschaft.

Und die Gemeinde der Christen hierzulande? Wer bestimmt ihr Spiel? Die Frage muss erlaubt sein, besteht ihr „Spiel" doch darin, Menschen zu Christus zu rufen.

Wenn Jesu Erbarmen in unseren Gemeinden auf der Strecke bleibt, dann sind es zerstörerische Kräfte und Mächte, die das Geschehen an sich reißen wollen.

Im Fußball verschafft man sich Kenntnis über den Gegenspieler. Auch Christen brauchen Kenntnis des Gegners.

Unsere Gemeinden tun viel Gutes. Damit sind sie der Versuchung ausgesetzt, sich zu verzetteln. Sprechen wir von *Versuchung*, ist der *Versucher* nicht weit.

Der Theologe Joachim Jeremias überschreibt die Geschichte von der Versuchung Jesu, Matthäus 4,1-11, mit: „Das Ja zur Sendung".[11] Um Jesu Sendung also geht es, um seine Mission.

---

11 Joachim Jeremias: Neutestamentliche Theologie. Teil 1: Die Verkündigung Jesu, Gütersloh: Gütersloher Verlagshaus, 1971, S. 73 ff.

„Das Ja zur Sendung!" Mit dem Ja zu seiner Sendung wirft Gottes Sohn alle Barmherzigkeit des Himmels und damit sich selbst in die Waagschale. Niemand soll sein Werk hindern. Im Ja zur Sendung stößt Jesus den Menschen das Tor zur Ewigkeit auf. Das Ja zur Sendung ist das Ja zu mir, der ich das jetzt schreibe und das Ja zu dir, der du das jetzt liest.

In Jesu Ja zu seiner Sendung hat die Christenheit auf Erden ihre Wurzel. Alle gelebte christliche Liebe findet ihren Ursprung *hier!*

Gegen das Ja zur Sendung erhebt sich das Nein des Versuchers. Er kommt mit Gutem daher: Aus Steinen sollte Jesus Brot machen, lockte der Versucher. Das wäre die Lösung des Welthungerproblems. Jesus sollte demonstrieren, dass Gott seine Verheißungen einlöst und seinen Sohn behütet, wenn er sich vom Tempel stürzt. Schließlich wurde Jesus versucht, die Weltherrschaft anzutreten, wenn er den Versucher nur anbete. Jesus war gekommen, Herr der Welt zu sein. Jetzt konnte er es werden – ohne das Kreuz.

Der Versucher kam mit Gutem daher. Gutes – im Namen des Bösen!

In unseren Gemeinden geschieht viel Gutes. Bei uns geschieht zu viel Gutes für die Menschen, als dass noch Zeit für ihre ewige Rettung bliebe. Das so genannte Gute als das gut getarnte Böse. Wer bestimmt unser Spiel?

Später war es Petrus, der Jesus zum Versucher wurde. Als Jesus sein Sterben und Auferstehen ankündigte, heißt es: „Da nahm ihn Petrus beiseite und versuchte mit aller Macht, ihn davon abzubringen. ‚Niemals, Herr', sagte er, ‚auf keinen Fall darf so etwas mit dir geschehen!' Aber Jesus wandte sich um und sagte zu Petrus: ‚Geh weg von mir, Satan!'", Mat-

> *Bei uns geschieht zu viel Gutes für die Menschen, als dass noch Zeit für ihre ewige Rettung bliebe.*

thäus 16,22-23. Petrus sprach. Jesus aber vernahm die bekannte Stimme aus der Wüste.

Hat der Versucher erst Jesus, dann den Jünger attackiert, wird er die Gemeinde unserer Tage nicht verschonen. Wir sind nicht frei von Versuchungen, die mit dem Schein des Guten daherkommen und doch konträr zum Willen Gottes stehen.

Kleine Ablenkungen genügen, und eine Gemeinde verliert sich im Tun des Guten. Vielleicht täuscht man sich durch interessante Programme über die eigene Bedeutungslosigkeit hinweg.

Nun erlebe ich Gemeinden, die sogar durch Evangelisationen ihre Missionslosigkeit kaschieren. Sie machen bei der alle drei Jahre stattfindenden Pro Christ-Evangelisation mit und besorgen sich auf diese Weise ihr missionarisches Alibi. Ansonsten existieren sie unmissionarisch, haben keine missionarische Infrastruktur. Kann man drei Jahre lang unmissionarisch sein und dann eine Woche lang missionarisch?

„Lass deine Gemeinde nicht schlafen, wenn der Feind Gefangene macht. Reiß sie aus Dämmer und Dunkel, ziehe sie in deine Helle, mache sie wachsam gegenüber dem Dunkelmann", so betet Rudolf Bohren.[12]

---

12 Rudolf Bohren: Beten mit Paulus und Calvin, Göttingen: Vandenhoeck & Ruprecht, 2008, S. 64.

Zusammenspielen!
Nicht nur zusammen spielen

Fußballer kennen ihr Ziel! Mehr Tore schießen als Gegentore zulassen. Dem ist alles untergeordnet. Das macht sie stark. Darum halten sie zusammen. Das Erreichen ihres Ziels ist ihr höchstes Gebot. Um dieses Zieles willen sind sie hellwach, innovativ, offen für neue Ideen. Wichtig ist, dass sie optimal *zusammenspielen*. Das gilt einerseits für den Kampf auf dem Platz. Eigensinniges Verhalten ist verpönt. Andererseits müssen sie auch als Sportkameraden gut „zusammenspielen". Die Chemie muss stimmen, wenn man erfolgreich sein will.

„Was ist das Ziel Ihrer Gemeinde?", frage ich gern einmal Gemeindeglieder und stoße oft auf Ratlosigkeit. „Gemeinschaft?", fragt jemand. „Die Ehre Gottes vielleicht?", sagen welche. Was das bedeuten könnte, ist unklar.

Wenn ich von Zielorientierung der Gemeinde rede, geht es nicht um das, was die Wirtschaft „Ergebnisorientierung" nennt, nicht um steigende Mitgliederzahlen. „Orientierung an kurzfristigen Ergebnissen untergräbt die Orientierung von langfristigem Gelingen."[13] Vielmehr geht es um Achtsamkeit im Blick auf die Menschen unserer Umgebung, weil es uns nicht egal sein kann, was mit ihnen im Leben, im Sterben und in der Ewigkeit geschieht. Achtsamkeit macht offen für das, was um uns herum passiert.

Sind wir offen für die Menschen, schließen sich uns neue Erfahrungsräume auf. Unsere Sinne sind zunächst auf Empfang gestellt. Wir werden nicht auf die Menschen einreden, sondern auf sie hören. Wir fragen, lassen uns erzählen, was sie denken, warum es ihnen schwerfällt zu glauben. Es ist wichtig von Menschen zu lernen, warum sie von der Kirche und von Gott nichts wissen

---

[13] Peter Endres / Gerald Hüther: Lernlust. Worauf es im Leben wirklich ankommt, Hamburg: Murmann, 2014, S. 175.

wollen. Wir können sie nicht für das Himmelreich gewinnen, wenn wir ihre Ablehnung und ihre Zweifel nicht begreifen. Echtes Interesse an den Menschen zu haben, ist die Voraussetzung dafür, sie zu verstehen. Wenn wir sie verstanden haben, gehen wir nicht etwa zur Attacke über, machen keinen Druck. Nachdem wir lange zugehört, nachgefragt und verstanden haben, ergibt es sich zwanglos, dass wir nun auch von uns reden dürfen. Wir werden erzählen, wie wir zu Christus Vertrauen gewonnen haben und was er uns bedeutet.

Will eine Fußballmannschaft gewinnen, muss sie zusammenspielen. Mit einem Fußball lässt sich natürlich auch einfach spielen, ganz ohne Tore zu wollen.

Als Kinder haben wir, wenn wir zu zweit oder zu dritt waren, nur gedribbelt. Wir nannten das *Äppeln*. Beim Äppeln ging es ums ziellose Hin und Her. Das hatte seine Berechtigung, war das doch Bewegung und Spaß. Es war sogar mehr. Das Äppeln war bereits ein Herantasten an eine mögliche spätere Fußballkarriere. Die jedoch, die über das bloße Äppeln nicht hinauskommen, finden nie zum ernsthaften Spiel.

Mir begegnen Gemeinden, die mit dem Evangelium äppeln. Einige Mitglieder und Leiter verrichten zwar anstehende Dienste, ansonsten jedoch existiert die Gemeinde absichtslos. So sind auch die Gottesdienste: Mit dem Evangelium wird geäppelt. Es wird gepredigt, irgendwie aber hat man den Eindruck, es wird gar nichts gewollt.

Ist es das, wofür Jesus gestorben ist? Die Gemeinde Jesu existiert, weil es eine Aufgabe gibt, die nur sie in dieser Welt wahrnehmen kann: *Menschen gewinnen für den dreieinigen Gott*. Das kann sie nur verwirklichen, wenn sie sich als verschworene Gemeinschaft weiß,

> *Die Gemeinde Jesu existiert, weil es eine Aufgabe gibt, die nur sie in dieser Welt wahrnehmen kann.*

die auf dieses Ziel hin zusammenwirkt und das in verschiedenen Teams.

Wenn eine Fußballmannschaft lediglich äppelt, weil das Ziel unklar ist, ist das ihr Ende.

Wenn eine Gemeinde kaum weiß, was ihre Sache ist, ist es das Ende dieser Gemeinde.

„Du stehst im Ruf, eine lebendige Gemeinde zu sein, in Wirklichkeit bist du tot", sagt der erhöhte Herr der Gemeinde in Sardes in Offenbarung 3,1. Welche Gemeinde kann sicher sein, dass dieses Urteil sie nicht trifft? Wenigstens einmal im Jahr sollten die Leiter jeder Gemeinde ihre Glieder zusammenrufen und sich der Frage stellen: „Sind vielleicht *wir* die Gemeinde von Sardes?" Manch eine Gemeinde geriete wohl in den Gottesschrecken, was die Voraussetzung tiefgreifender Umkehr ist. Wir müssen wissen, was wir sollen und wollen.

Die Alten wussten es: „Bis zum Sterben, Seelen für das Lamm zu werben!"

Ärgerlicher Ballverlust
„Auf der Suche nach dem verlorenen Wort"

Die Spieler sind auf den Gegner physisch und mental eingestimmt. Alle sind hochmotiviert. Voller Zuversicht laufen sie auf den Platz, finden gut ins Spiel. Die Zeichen stehen auf Sieg. Dann jedoch nimmt alles eine ungute Wende. Der Grund: Zu oft *ärgerlicher, unnötiger Ballverlust.* Dann ein Gegentor. Der Faden reißt. In der Halbzeitpause schwört der Trainer die Spieler ein. „Ihr müsst den Ball halten! Vermeidet jeden Ballverlust! Wir haben es doch stundenlang trainiert." Nach Wiederanpfiff ändert sich nichts. Immer wieder Ballverluste. Zuletzt liegen sich die gegnerischen Spieler in den Armen. Unsere Mannschaft vergab einen wichtigen Sieg!

Was sich auf dem Fußballplatz in 90 Minuten abspielt, ereignet sich in Gemeinden oft in einem Jahrzehnt. Manche führen einige Jahre lang den Kampf, der ihnen bestimmt ist (vgl. Hebräer 12,1). Sie gewinnen Menschen für Christus, evangelisieren, sind diakonisch tätig, haben eine missionarische Struktur.

Aber dann – Leitungswechsel. Mit seiner stillen Art gewinnt ein Neuer die Gemeinde. Schnell überzeugt er die Mitarbeiter. Der Sendungsauftrag gerät in den Hintergrund. Anderes, was nun wichtiger erscheint, schiebt sich nach vorn. Man hält es mehr mit der Kontemplation. Bloß keinen Aktionismus! Man will aus der Stille kommen. Das ist wichtig und gut.

Unversehens aber vergessen sie das „nach vorne Stürmen". Das ist schlecht. An die Stelle der Mission ist die Meditation getreten. „Ballverlust". Würde die Meditation, das Gebet, in den Dienst der Mission gestellt, wäre es *die* Voraussetzung für eine Erweckung. Von den Erweckungspredigern wissen wir, dass sie vollmächtige Beter waren.

Was jedoch ist Beten als reine *geistliche Übung* ohne das missionarische Ziel?

Jesus hat in den Jahren seines Wirkens viel gesagt, viel getan, viel gebetet – aber nur *eines* gewollt: „Um des Gottesreiches willen retten, was verloren ist", Lukas 19,10. Jesus war ein Beter. Ohne Gebet hätte er seine Mission nie erfüllen können. Er hat seine Jünger Beten gelehrt und erst *danach* ausgesandt.

Während einer Bahnfahrt kommen wir ins Gespräch, der Herr mittleren Alters und ich. Auf meine Frage, was er beruflich mache, lässt er mich raten. Ich habe es bald heraus: Geschäftsmann. Er erzählt mir überraschend viel.

Als ich ihm sage, dass ich evangelischer Pfarrer bin, macht er ein bedenkliches Gesicht: „Das überrascht mich jetzt aber! Bitte, kein Übelnehmen, aber die *Kirche ist nicht mehr am Ball*."

Ein Ping-Pong mit Worten beginnt. Ich habe jemanden vor mir, der das Leben liebt. Nur – wenn er „Kirche" hört, zieht er die rote Karte.

Wann ist die Kirche am Ball?

Ist sie es, wenn ihr die Sympathien der Welt zufliegen? In ihren Anfängen wurde sie gehasst und verfolgt. War Kirche da im Abseits oder am Ball? Auf die damalige Gesellschaft bezogen, kämpfte sie im Abseits. Ist Kirche am Ball, wenn sie gebraucht wird?

„Gott will, dass alle Menschen gerettet werden und sie die Wahrheit erkennen", 1. Timotheus 2,4. Die Kirche ist am Ball, wenn sie in Gottes Retterwillen ist!

Im Protestantismus des 19. und 20. Jahrhunderts wurden *Mission* und *Evangelisation* verdrängt. Es ging um das Wohl, kaum noch um das Heil der Menschen. „Suchen und retten, was verloren ist" – der Kern der Botschaft kam vielerorts unter die Räder. Infolgedessen waren Gemeinden nicht mehr am Ball. Das Evangelium, das Wort also, wird auch heute in so manchen evangelischen Predigten wortreich verschwiegen.

Der Theologe Helmut Thielicke gab seinem letzten Buch den vielsagenden Titel „Auf der Suche nach dem verlorenen Wort".

Erster Teil: „Der Verfall der christlichen Verkündigung." Verlust des Wortes bedeutet: Die Kirche ist nicht mehr „am Ball".

Wie man am Ball bleibt, habe ich einmal eindrücklich erlebt. Einen Monat lang durfte ich in einer Gemeinde in den USA hospitieren, war auch bei den wöchentlichen (!) Ältestensitzungen dabei. Die Ältesten, Männer und Frauen, waren alle ordiniert und dadurch – obwohl theologische Laien – Pastoren und Pastorinnen im Nebenamt. Ein Arzt hatte die Leitung der Sonntagsschullehrer inne. Eine Lehrerin leitete die Leiter der Kinderkreise. Einer der Ältesten kümmerte sich um junge Erwachsene, ein anderer leitete und trainierte die Leiter der Jugendkreise.

Die wöchentliche (!) dreistündige Ältestensitzung war geistliche Tankstelle.

Die Ältesten studierten etwa eine Stunde lang die Schrift. Darauf hatten sie sich vorbereitet.

Pause. Danach 45 Minuten Stille und Gebet. Wieder Pause.

Nun besprachen sie aktuelle geistliche Belange der Gemeinde.

Die Gemeinde hatte noch zwei andere Leitungsgremien. Da war der „Board of Directors", die Verwalter der Finanzen. Ging es um praktische Arbeiten, waren die „Deacons" zuständig, die Diakone. Der Ältestenkreis war dadurch von Verwaltungsfragen jeder Art befreit! Die Aufteilung der Dienste auf drei verschiedene Gremien war weise. (Mit Wehmut erfüllte mich, was ich diesbezüglich in meiner Volkskirche erlebt hatte.)

Das Besprechen der aktuellen Fragen der Gemeindearbeit begann mit folgenden Fragen:
- Sind wir noch bei der Sache?
  (Sie meinten ihr Anliegen, Gott zu verherrlichen
  und Menschen für Christus zu gewinnen.)
- Sind wir noch beieinander? Bestimmt uns weiterhin
  die Einigkeit im Geist oder sind Dinge problematisch,
  die besprochen oder bereinigt werden müssten?

- Sind unsere Maßnahmen noch zielführend oder ist etwas zu korrigieren?
- Ist unser Ohr bei den ehrenamtlichen Leitern?
- Haben die Leiter ihr Ohr bei den Leuten, die sie zum Dienst zurüsten?
- Haben wir alle unser Ohr bei der Gemeinde?

Diese Selbstreflexion verhalf zur geistlichen Wachheit. Das Studium des Wortes, das Gebet und die Wertschätzung untereinander sowie der Wille zur Sendung haben mir gezeigt, wie man in einer Gemeinde am Ball bleibt. In dieser Gemeinde, der Park Avenue Baptist Church in Titusville, Florida, USA, steht neben der großen runden Kirche eine Gebetskapelle. Dort wird Tag und Nacht gebetet. Peter Lord, der damalige Hauptpastor, hatte gemerkt, dass Mission, der diakonische und evangelistische Dienst der Gemeinde, aus der Kraft des Gebets lebt. Zudem unterstützen sie Missionare und diakonische Helfer in Übersee. Diese übermitteln ihnen Gebetsanliegen zur Fürbitte. In eine Liste tragen sich alle ein, die sich zum Gebet einfinden – around the clock.

Da habe ich eine Gemeinde erlebt, die wirklich am Ball war!

Leidenschaft setzt Kräfte frei
Tante Minna verwandelt ihr Dorf

Fußball ist Kampf. Voller Einsatz ist gefordert. „Leidenschaft", sagt Philipp Lahm, einst Kapitän der deutschen Nationalmannschaft, „ist die Eigenschaft, die im ausgeglichenen Wettkampf den Unterschied machen kann."[14]

Kampf bestimmt die missionierende Gemeinde. Adolf Schlatter sagt: „Das Evangelium wird daher zum Kampf, eben, weil es Evangelium ist."[15] Liebe und die Leidenschaft aller sind gefragt. So entscheidend es ist, die Gemeinde als Mannschaft zu begreifen, so ist *die Leidenschaft Einzelner* ebenfalls von Bedeutung.

Man hat mich zu Vorträgen in ein niedersächsisches Dorf eingeladen. Zunächst predige ich im Gottesdienst. Volles Haus. Ungewöhnlich für diese Gegend. Minna Bösch, eine gehbehinderte Frau, hat mich zu evangelistischen Vorträgen gebeten. Bald merke ich, dass sie so etwas wie die gute Seele des Dorfes ist. Viele Jahre schon hat sie samstags Kinder in ihrer großen Bauernküche versammelt und ihnen biblische Geschichten erzählt. Mit jungen Erwachsenen studiert sie mittwochs die Bibel. „Wir sind alle durch Tante Minnas Küche gegangen", erzählen mir welche.

Die tapfere Frau drängt ihre wechselnden Pfarrer, in angemessenen Zeiträumen missionarische Vortragswochen durchzuführen. Sie setzt sich jahrzehntelang mit ihrer kleinen Kraft gegen klerikale Widerstände durch, findet dafür Weg- und Kampfgenossen, so muss sie nicht nur als Einzelkämpferin vor ihren Klerikern erscheinen. Alle paar Jahre ist Evangelisation, die sie und ihre kleine Schar erwirkt. Sie sehen sich in einen Kampf gegen die Lauheit ihrer Gemeinde gestellt, haben ihn ange-

---

14 Philipp Lahm: Der feine Unterschied. Wie man heute Spitzenfußballer wird, München: Kunstmann, 2011, S. 113. Im Folgenden: Lahm.
15 Schlatter: Gesunde Lehre. Reden und Aufsätze, Velbert: Freizeiten-Verlag 1929, S. 164.

nommen. So hat diese Beterin mit ihrer Beharrlichkeit bleibende Segensspuren in ihrem Dorf gezogen.

Wir brauchen Christen, Männer und Frauen, die sich gegen jene in unseren Gemeinden durchsetzen, die die missionarische Nächstenliebe hindern oder gar diffamieren.

Was Leidenschaft Einzelner bedeutet, bringt Philipp Lahm, der Fußballer zur Sprache:

„Leidenschaft ist eine Emotion, die Energien freisetzt, von denen man nicht wusste, dass man über sie verfügt. Mit seiner Leidenschaft kann ein Spieler – ein Spieler ganz allein – die Leistung der Mannschaft hochziehen ... Leidenschaft äußert sich darin, dass man Dinge tut, die andere Spieler nicht tun ... Die Leidenschaft deines Mitspielers ist die Aufforderung, selbst über dich hinauszuwachsen. Komm in die Puschen, Mann! Einzelne Spieler, die das Spiel mit Seele und Energie an sich reißen, bringen auf diese Weise eine ganze Mannschaft ins Rollen ... Sie prägen für einen Augenblick den Charakter der ganzen Mannschaft."[16]

Im Fußball ist von Kämpfern die Rede, die man „Wadenbeißer" nennt. Minna Bösch wusste, was verloren geht, wenn die Gemeinde sich nicht

> *Die brennende Leidenschaft einer Einzelnen entzündete das Feuer der Retterliebe in vielen.*

aufmacht, um in der Öffentlichkeit Menschen für Christus zu gewinnen. Ihren oft ablehnenden Pastoren gegenüber erwies sie sich als heilige Wadenbeißerin. Sie blieb beharrlich, bis sie erreichte, was sie wollte. Die Liebe einer Einzelnen entzündete das Feuer der Retterliebe in vielen.

„Wer kämpft, kann verlieren. Wer nicht kämpft, hat schon verloren", so sagt man mit Recht. Die Motivationstheorie lehrt, dass durch Niederlagen Kräfte geweckt werden können, die anspor-

---

16 Lahm, S. 113-114.

nen, sich intensiver als bisher auf den Kampf zu konzentrieren. Die Gemeinde, die das Kämpfen vergisst, erlebt kaum etwas Erwähnenswertes und daran wird sie sich gewöhnen. Zum Gewinnen der Menschen brauchen wir Gemeinden, die sich als Missionsstation *und* Missionsmannschaft verstehen, dazu Leitwölfe, Antreiber, Wadenbeißer. Wir brauchen Christen, die sich gegen die Missionslosigkeit ihrer Gemeinden stemmen.

Warum übernahm Minna Bösch Verantwortung? Sie tat es, weil ihr etwas am Herzen lag, die Ehre Gottes nämlich und das Heil der Menschen in ihrem Ort. Dabei hat sie erfahren, wie erfüllend es war, sich dermaßen einzusetzen.

Jeder und jede der oder die das hier liest, kann in der eigenen Heimatgemeinde den großen Unterschied ausmachen. Wir brauchen geistliche Unruhestifter, die Gleichgesinnte suchen, sie um sich scharen, in Brand setzen. So entsteht ein Unruheherd der glühenden Retterliebe in der Gemeinde. Wir brauchen Christen, die sich mit dem Status der missionslosen Langeweile oder gar Totenstarre nicht abfinden.

Wir brauchen viele Tante Minnas.

Kurze Dribblings – weite Flanken
Mut zu großen Sprüngen!

Beim Fußballspiel gibt es zwei Spielweisen, die zusammenwirken. *Zum einen* das Klein-Klein auf engstem Raum, die Dribblings oder der Zweikampf mit dem ballführenden Gegenspieler. *Zum anderen* sehen wir raumgreifendes Flügelspiel, Querpässe, Steilpässe, weite Flanken, die die Distanzen überbrücken. Der Kampf auf kleinem Raum und das groß angelegte Spiel ergänzen und bedingen sich. Das macht die Dynamik aus.

Jesus ging umher in den Städten und Dörfern. Er sprach mit Einzelnen, kleinen Gruppen und zur großen Menge. Einmal zu 5.000 Mann. Das machte sein Wirken aus, *einerseits* die Zuwendung zu einzelnen Menschen und *andererseits* das groß angelegte öffentliche Ereignis.

Unsere Gemeinden kennen den normalen Alltag. Kreise treffen sich. Man kümmert sich um Schwache, Kranke, Asylbewerber. Man möchte Menschen für Christus gewinnen: Glaubenskurse werden angeboten. Dribblings im Gemeindealltag.

Diesen kleinen Schritten steht der Sprung in die Öffentlichkeit gegenüber, die von langer Hand vorbereitete Glaubenswoche (Evangelisation). Die Gemeinde ist mit all ihren Gruppen nun besonders gefordert. Mehr als sonst wird gebetet. Den Geist zieht es an, wenn die Gemeinde im großen Stil zusammenspielt. Diese lädt mit Handzetteln, Plakaten und Presseartikeln zu den Vorträgen ein. In einem Besuchs- und Einlade-Dienst wird dem Auftrag Jesu hinzugehen, konkret entsprochen. Für die Gemeinde ist das eine besondere Segenszeit.

> *Es zieht den Heiligen Geist förmlich an, wenn die Gemeinde im großen Stil evangelistisch zusammenspielt.*

Beim Fußball gibt es den Spielalltag von den Kreisklassen bis in die höheren Ligen. Aber dann! Alle vier Jahre ist Welt-, dazwischen Europameisterschaft. Großes Kino.

Im öffentlichen Leben sind Großveranstaltungen äußerst beliebt. Wir müssen mit der frohen Botschaft an die Öffentlichkeit! Allein bei der Vorbereitung von öffentlichen Unternehmungen erleben die Gemeindeglieder so viel Segen, dass sich schon dafür jeder Einsatz lohnt. Praktische Gaben werden gesucht und gefunden. Gemeindeglieder freuen sich, weil man sie braucht. Weil jetzt viel gebetet wird, werden überraschende Gebetserhörungen erfahren. Widerstände werden mit vereinten Kräften überwunden.

Öffentliche missionarische Veranstaltungen entwickeln im Vergleich zu gemeindeinternen Angeboten (z. B. Glaubensseminaren) eine besondere Dynamik.

Aber vor allem: Die Frohbotschaft kommt dahin, wohin sie gehört – in die Öffentlichkeit.

Gleichzeitig brauchen auch unsere Gemeindeglieder Evangelisation. Sie hören die Kernbotschaft neu. Evangelistische Verkündigung ist Gottes Liebeserklärung an alle, auch an die Gemeindeglieder. Die Liebesbotschaft neu zu vernehmen, tut den Gemeindegliedern erfahrungsgemäß sehr gut. Sie leben ja selber von dem, was sie anderen Menschen bezeugen.

Gemeindeinterne Glaubenskurse werden zu Recht gewürdigt. Es geht jedoch nicht an, dass wir sie als Ersatz oder Alibi für das Hingehen in die Öffentlichkeit benutzen! Die Beteiligung der Gemeinde an Glaubenskursen hält sich nämlich in Grenzen, da nur wenige Glieder einbezogen sind. Vor allem wird die Öffentlichkeit kaum berührt.

Und wenn öffentliches Evangelisieren nicht mehr dran ist, was ist dann mit den Evangelisten? Wozu wurde ihnen ihr Charisma gegeben?

Das Evangelisieren in der Öffentlichkeit, das Rufen zu Christus, ohne Not zu unterlassen, wiegt zentnerschwer. Die Gemeinde wird auf Glaubenskurse nicht verzichten, auf öffentliche Evangelisationen erst recht nicht.

Kleine Schritte und große Sprünge!

Verlieren und weiterkämpfen
Die Kompetenz, nach dem Scheitern wieder aufzustehen

Fußballspielen ist Sisyphusarbeit. 90 Minuten lang rennt die Mannschaft vorwiegend vergeblich gegen die Abwehrmauer des Gegners.

„Auch die genialsten Spielzüge gehen meistens schief. Immerzu wird der Ball verloren, und das Ganze beginnt von vorn. Wenn es also etwas gibt, was den Fußball charakterisiert, dann ist es die Fehlerhaftigkeit der Versuche. Im Fußball wird ‚Unvermögen zelebriert' ... Eigentlich kann die Aktion nicht gelingen – aber sie gelingt eben manchmal doch ... Das ist das Tolle am Fußball: Man muss sehr oft scheitern, um einige wenige Male erfolgreich zu sein. Und so adelt das häufige Misslingen die gelungenen Aktionen."[17] Und – so möchte ich ergänzen: Die gelungene Aktion adelt das häufige Misslingen.

Ähnlich erlebt es die missionarische Gemeinde: In immer neuen Anläufen versucht sie, den Menschen vor ihren Türen das Evangelium zu bringen, in Wort und Tat. Sie wird ihr Ziel manchmal verfehlen – ohne zu resignieren. So hält sie an ihrem Auftrag fest.

„Meine Kraft ist in den Schwachen mächtig", hat Jesus den Paulus wissen lassen: Das gilt für die Gemeinde – und auch für wenig redebegabte Prediger.

In diesem Zusammenhang schreibt Reiner Knieling: „Im Blick auf Willow Creek und entsprechende deutsche Adaptionen ist z.B. zu fragen: Was macht ein Prediger mit rhetorisch mittelmäßiger Begabung und durchschnittlicher Ausstrahlung mit einem Gemeindeaufbaukonzept, das auf ansprechende, persönliche und ausstrahlungskräftige Verkündigung setzt?"[18]

---

17 Reinhard K. Sprenger: Gut aufgestellt. Fußballstrategien für Manager, Frankfurt / New York: Campus, 2008, S. 40 f. Im Folgenden: Sprenger.
18 Reiner Knieling: Plädoyer für unvollkommene Gemeinden. Heilsame Impulse, Göttingen: Vandenhoeck & Ruprecht, 2008, S. 15.

Meines Erachtens sollte der Prediger dieses Konzept getrost beiseitelegen. Er sollte stattdessen – wie Jesus es tat – einzelne Glaubende um sich sammeln.

Des Weiteren fragt Knieling nach dem Dorfpfarrer in Brandenburg, der neun Gemeinden zu versorgen habe, aber über keine Mitarbeiterinnen und Mitarbeiter verfüge.

Als Jesus mit seinem Dienst anfängt, steht er offensichtlich allein da. Er sammelt die ersten Jünger, einen nach dem anderen. In welchem Zeitraum das geschieht, ist unbekannt. Sie waren übrigens keine *Mitarbeiter* Jesu. Er war ihr Lehrer, ihr Trainer, also war Jesus *ihr* Mitarbeiter. Er war – wie wir sahen – gekommen, dass er diene. Der Dorfpfarrer könnte ebenfalls mit einem oder zweien beginnen, versuchen, ihre Gaben herauszufinden und sie für ihren Dienst zurüsten. So viel Zeit muss sein!

Er wird die Brüder und Schwestern lehren, die Retterliebe Jesu zu bezeugen, bis sie es selbst können. Und *sie* bringen das wiederum auch anderen Christen bei. Mit wenigen beginnen und die in Brand setzen – *das* hat Verheißung! Mag es sich anfangs als zu schwer erweisen, wird man im Vollzug erfahren, dass man mit Gott über Mauern springen kann.

Ich sitze mit Gemeindegliedern und ihrem Pastor zusammen. Jemand seufzt, missionarisch habe man alles versucht, es habe wenig gebracht. Unausgesprochen steht im Raum: „Wir haben es inzwischen aufgegeben."

Im Laufe des Gesprächs kommt heraus, dass sie *einmal* einen evangelistischen Versuch bei den Eltern der Konfirmanden unternommen hatten, der nach ihrer Meinung wenig erfolgreich war. Das Resümee: „Wir haben *alles* versucht. Es hat nichts gebracht. Wir geben es auf."

In der Fußballwelt wäre eine solche Haltung undenkbar. Für die Heilige Schrift übrigens auch. Sie macht Mut, nach dem Scheitern wieder aufzustehen, um weiterzumachen.

Scheitern und wieder aufstehen ist eben auch eine Kompetenz. Sie besteht in der Bereitschaft, Misserfolge einzustecken. Gehirnforscher verweisen gern auf das Beispiel kleiner Kinder: Sie fallen unzählige Male, bevor sie auf eigenen Beinen stehen und dann laufen können. Wenn sie größer sind, versuchen sie beharrlich immer und immer wieder, sich auf ihrem Roller oder dann auf dem Fahrrad in Balance zu halten. Sie zeigen solchen Durchhaltewillen, weil sie es unbedingt schaffen *wollen*. Zielbewusstsein ist auch hier der entscheidende Antrieb.

Das Training

Viele Talente – ein Ziel
Wozu sind die Gaben da?

Fußballvereine halten Ausschau nach Talenten. Die großen Clubs suchen weltweit, ob sich für die nächste Saison neue Spieler für den eigenen Verein anwerben lassen. Fast geht es zu wie auf einem Sklavenmarkt. Man spricht von *Spielereinkauf*, von *Spielermaterial*. Außerdem betreibt man intensive Jugendarbeit zur Förderung des Nachwuchs. Talentsuche – die große Angelegenheit der Vereine! Ein Verein, der nicht auf Talentsuche geht, hat wohl sein Ziel aus den Augen verloren.

Einer zielorientierten Gemeinde geht es wie einem Fußballverein. Sie weiß, was sie will! Menschen für das Himmelreich gewinnen ist ihr Ziel. Dazu braucht sie alle Talente ihrer Gemeindeglieder.

Neben Gottes Wort, Gebet und Gemeinschaft sind uns geistliche Gaben verliehen. Da die Gemeinde unter Jesu Sendungsauftrag steht, ist klar, dass die Gaben dazu da sind, der Sendung zur Verfügung zu stehen. Meine Gabe ist immer auch eine Gabe an meine Gemeinde.

Neben den geistlichen Gaben haben wir natürliche Gaben. Auch unsere Eigenschaften, Neigungen, Gefühle, Gedanken, liebende Phantasie – alles, was unsere Persönlichkeit ausmacht, gehört dazu. Die geistlichen und die natürlichen Gaben zu entwickeln und zu gebrauchen, trägt uns zu neuen Entdeckungen und Erfahrungen. Es wird spannend! In solchen Gemeinden ist es niemals langweilig.

Nun gibt es Gemeinden, die an ihren vom Heiligen Geist verliehenen Gaben ihrer Mitglieder kaum interessiert sind. Sie mögen sich äußerlich tummeln, geistlich aber sind sie tot. „Du hast den Namen, dass du lebst, aber du bist tot." Dieses Urteil Jesu über die Gemeinde in Sardes gilt heute wahrscheinlich vielen. Niemand weiß es, niemand merkt es. Die Gaben, die Gott zur

Rettung der Seelen gegeben hat, werden nicht gebraucht. Es gibt Gemeinden, die an der Rettung der Seelen ihres Ortes nicht interessiert sind.

Antoine de Saint-Exupéry gibt eine seltsame Beobachtung wieder:

„Wenn zur Zeit des großen Vogelflugs Wildenten oder Wildgänse vorüberziehen, entsteht in den Gebieten, die sie überfliegen, eine seltsame Bewegung. Als wären sie durch den großen Dreiecksflug magnetisch angezogen, versuchen sich die zahmen Vögel in unbeholfenen Sprüngen, die sie schon nach wenigen Schritten aufgeben. Der Ruf aus der Wildnis hat in ihnen mit der Gewalt einer Harpune das Überbleibsel irgendeines Urtriebs getroffen. Und *so verwandeln sich nun die Enten auf dem Bauernhof eine Minute lang in Zugvögel*. So entfalten sich in diesen harten Köpfchen, in denen nur dürftige Bilder von Teichen, Würmern, Hühnerställen umgingen, kontinentale Weiten, die Freude an Winden auf hoher See, an der Geographie der Meere. Und so taumelt die Ente von links nach rechts in ihrem Gehege aus Brettern und Eisendraht. Sie wird ergriffen von jener plötzlichen Leidenschaft, von der sie nicht weiß, wohin sie führt, und von jener weiten Liebe, deren Ziel ihr immer unbekannt bleiben wird."[19]

„So verwandeln sich die Enten auf dem Bauernhof eine Minute lang in Zugvögel." Sie sind nicht mehr in der Weite – doch die Weite ist in ihnen.

Wie viele Christen mag es geben, die eine Unruhe spüren? Von der Ewigkeit berührt spüren sie, dass ihnen Gaben gegeben sind. Diese haben sich in ihrer missionsvergessenen Gemeinde jedoch nie entwickelt. In Gottesdiensten, Bibelstunden und Hauskreisen wurden sie vorwiegend „gefüttert". Auf geistliches

---

[19] Antoine de Saint-Exupéry: Gesammelte Schriften. Band 3. Madrid, München: Deutscher Taschenbuch-Verlag, 1978, S. 133.

Wachstum wurde wenig geachtet, auf Entdecken und Ausüben der Gaben ebenfalls nicht. Die Gaben sind für die *missio*, die Sendung gegeben. Wir stehen mit allem, was wir tun und haben, unter dem Vorzeichen der *missio dei* (Auftrag / Sendung Gottes).

Was ist jedoch, wenn die Sendung nicht stattfindet? Was wird aus den Gaben?

In unseren Gottesdiensten sitzen Männer und Frauen, die einmal sterben werden, ohne zu wissen, dass sie Evangelisten, Seelsorger, geistliche Lehrer oder Leiter waren. Ihr Charisma wurde in ihrer Gemeinde nie entdeckt. Gemeinden verkommen zu Massengräbern der Gaben, die Gott ihnen für die Sendung gegeben hat. Das Gleichnis von den anvertrauten Pfunden mit dem Gericht über die Gemeinde, die ihre Gaben vergräbt, bekommt bedrückende Aktualität: Eines Tages wird Gott Rechenschaft von unseren Gemeinden und ihren Leitern über die Gaben verlangen, die er ihnen anvertraut hat.

Wir brauchen neben der missionarischen Nächstenliebe eine Struktur, eine Gemeindegestalt also, die das Entdecken, Entwickeln und Ausüben der Gaben unterstützt. Das ist uns von unserer kirchlichen Tradition nicht mitgegeben worden. Im Gegenteil, sie verhindert die Entfaltung der Gaben fast auf der ganzen Linie. Das müssen wir entschlossen ändern, sonst werden wir gegenüber dem Geber der Gaben schuldig und gegenüber vielen Menschen, denen wir die Möglichkeit vorenthalten, das Evangelium zu hören.

Training als Mannschaftsschmiede
Wie Lehrlinge, die ein Handwerk lernen

Die Schar unterschiedlicher Spielerpersönlichkeiten zu einer Mannschaft zu formen, ist die Hauptaufgabe der Trainer. Sie schauen sich jeden Spieler genau an, wollen herausfinden, was jeder kann. Worin besteht das besondere Talent? An welcher Stelle ist jemand einzusetzen? Wie wird aus unterschiedlichen Leuten *eine* Mannschaft?

Vor einer ähnlichen Frage stehen unsere Gemeindeleitungen: *Wie lassen sich unverbindlich nebeneinanderher lebende Christen zu verbindlichen Teams formen?* Das kann nicht gelingen, wenn sie nur über biblische Texte diskutieren. Praktische Jüngerschaft verstehen, einüben und ausüben, darum geht's. Verbindlichkeit entsteht am konkreten Auftrag.

Acht unserer Enkelkinder spielten bei uns im herbstlichen, laubbedeckten Garten. Irgendwann kam Streit auf. Sie entzweiten sich. Jeder verzog sich in seine Schmollecke. Bald hörte man: „Mir ist fad!" Langeweile machte sich breit. Es machte allen keinen Spaß. Da rief sie die Großmutter zusammen: „Wer hilft mir, die bunten Weinblätter zu sammeln, damit wir sie zur schönsten Kette der Welt aneinanderbinden?" Sofort war aller Streit verflogen: „Wie geht das?", riefen sie. Das war schnell erklärt. Ein intensives Sammeln begann. Alle halfen nach Kräften an der schönen Aufgabe mit. Sie waren begeistert. Ein Gemeinschaftswerk begann. Durch die gestellte Aufgabe hatte die vorher noch frustrierten Kleinen ein regelrechter Corps-Geist erfasst.

Verbindlichkeit entsteht am konkreten Auftrag. Je größer die Liebe zum Auftraggeber und das Ernstnehmen der Aufgaben, desto größer der Wille, verbindlich zu sein. Der Auftrag erfordert eine geistliche Ordnung, einen festen Rhythmus im geistlichen Leben. Eine Verbindlichkeit um der Verbindlichkeit willen genügt nicht, wenn nicht Größeres sie herausfordert. Was aber ist größer, als sein Leben einzusetzen für den einen Auftrag, um Gottes willen Verlorene zu retten?

Jesus hat zwölf Männer ausgebildet. Diese Ausbildung glich einer Handwerkerlehre und keinem Universitätsstudium. Jesus, selber gelernter Handwerker, hat seine Leute durch gelebte Praxis geformt mit dem Ziel, dass sie selber „Arbeiter für Gottes Ernte" ausbilden. *Jüngerschaft wurde im praktischen Handeln gelernt,* durch Verkündigung begleitet.

Bei uns liegt das Hauptgewicht auf dem Reden. Missionarisches Handeln in der Nachfolge Jesu kann so schwerlich wachsen. Auch in Hauskreisen wird viel geredet. Der Lernertrag für sendungsorientiertes Handeln ist eher gering.

Jünger wird gern mit *Schüler* übersetzt. Im NT hat Jüngerschaft jedoch nur wenig mit einem Schulbetrieb in unserem Sinne zu tun. *Jünger sind wie Lehrlinge, die ein Handwerk lernen.* Darum sprach Jesus von *Arbeitern* in Gottes Ernte, nicht von *Schülern* oder *Studierenden*. Gemeinde ist genau genommen eine *Mannschaft von Lehrlingen, die ausgebildet werden, um wiederum ihrerseits Lehrlinge auszubilden.* Wie anders wollen wir das Wort Jesu „Lehrt sie halten, alles, was ich euch geboten habe" verstehen?

Seinen Lehrlingen hat Jesus über die Liebe Gottes keine Vorträge gehalten und sie dann nach Hause geschickt. Als er Menschen die Vergebung ihrer Sünden zusprach, waren seine Jünger dabei, sahen zu, hörten zu. Sie haben die Erlösung der Leute in deren Gesichtern gelesen. Wenn Jesus Kranken die Hände auflegte und sie heilte, standen sie daneben. Sie hörten zu, wie der Nazarener mit einfachen Leuten sprach und mit Schriftgelehrten. Sein liebe- und respektvoller Umgang mit Kindern hat ihnen einen neuen Blick für die Kleinsten geschenkt. Jesu Lehrlinge haben die von ihm verkündigte Liebe erlebt, gespürt, geschmeckt. „Lernt von mir!", hatte Jesus gesagt. Sie haben hingeschaut, verstanden, eingeübt und ausgeübt. Sie waren eine mobile, geistliche Lehrwerkstatt, verbindliche Lerngemeinschaft auf Zeit.

Wir sind gut beraten, ebenfalls *Lerngemeinschaften auf Zeit* zu bilden, praxisorientierte Jüngerschaft unter unseren heutigen Bedingungen. In einer Lutherischen Gemeinde in den USA habe ich Jüngerschafts-Gruppen kennengelernt, in denen die Praxis des Glaubens eine wesentliche Rolle spielte. Das haben wir für unsere europäischen Verhältnisse weiterentwickelt. Wir nennen diese *Lehrwerkstatt auf Zeit:* TIP = Theory Into Practice.

TIP ist ein zeitlich begrenztes Unternehmen für Christen, die ihren Glauben nicht im Herzen verschließen möchten. Wir wollen unseren Glauben in der Nachfolge Jesu auch für andere leben. Das ist wunderschön, jedoch nicht immer leicht. In TIP erleben die Teilnehmer 18 Monate lang ein Bibelstudium, das auf zehn Praxisfelder abgestimmt ist. So wird verbindliche Gemeinschaft erfahren und verschiedene Weisen des Betens werden kennengelernt.

Die zehn Praxisfelder, das Ein- und Ausüben von praktischen Maßnahmen, sind das Besondere, der Clou des Ganzen. Manche Teilnehmer haben dabei ihr Charisma entdeckt und so ihr Lebensthema gefunden.

Die Praxisfelder – Einüben und Ausüben:
1. Die Kunst, Menschen wertzuschätzen
2. Wie erzähle ich ohne fromme Worte meine Glaubensgeschichte?
3. Einwände gegen den Glauben – wie begegne ich ihnen?
4. Wie helfe ich anderen, den ersten Glaubensschritt zu tun?
5. Seelsorge im Alltag
6. Vergebung lernen – Kränkungen überwinden
7. Gespräche und Gebete am Krankenbett
8. Trauernde trösten – Sterbende begleiten
9. Predigten beurteilen
10. Umgang mit Konflikten

TIP ist kein Programm, sondern ein Prozess. Das Zusammenwachsen der Teilnehmer/Innen wird durch immer neue Erfahrungen gefördert und bereichert. Sie können gewiss sein, dass ihnen nie langweilig wird.

Natürlich können auch Hauskreisleute lernen, Glaubensgespräche zu führen. Sodann könnten sie sich vornehmen, solche Gespräche im Laufe der jeweils kommenden Woche zu suchen und zu führen. Beim nächsten Treffen wird berichtet. Das wäre ein Austausch anderer Art, Erfahrungsaustausch! So beginnen Hauskreise Missionsteams zu werden. – Unter uns leben Menschen, die fremden Religionen angehören. Theologisch gesprochen stehen sie unter dem tötenden Gesetz. Das lebendig machende Evangelium ist ihnen unbekannt. In Hauskreisen könnten wir lernen, wie man ihnen das Evangelium erklärt. Vielleicht haben manche Kirchenchristen Jesus Christus selber noch nicht persönlich erfahren.

Wahrscheinlich haben nur wenige Gemeindeglieder das Führen von Glaubensgesprächen gelernt. Wie man Freunden und Nachbarn Christus bezeugt, ist für viele Hauskreise kein Thema. So bleibt das Evangelium im Umfeld solcher Kreise ungesagt. Viele Leute möchten gerne glauben. Das ist erwiesen. In den Hauskreisen könnten wir einüben, ihnen zu helfen.

Wie helfe ich einem Menschen, der glauben möchte, aber immer wieder scheitert?
Dieses Helfen kann man lernen!
Wie begegnen wir Menschen, die Vorurteile gegenüber unserem Glauben haben?
Vorurteilen zu begegnen kann man lernen!
Wie erzähle ich jemandem, der von sich sagt, kein Christ zu sein, meine persönliche Glaubensgeschichte, sodass er Sehnsucht nach Gott bekommt?
Wir könnten es einüben und ausüben.

Training ist wichtig, aber „die Wahrheit is aufm Platz"
Der Lustzirkel des Lernens

„Grau is alle Theorie – die Wahrheit is auf'm Platz", meinte Adi Preißler, einst Topspieler von Borussia Dortmund. – Nun, so grau ist die Theorie nun doch nicht. Die Talente der Spieler müssen trainiert werden, keine Frage. Jedoch erst im Ernstfall des Kampfes erblühen die Fähigkeiten. Der Ernstfall, verbunden mit der Lust zum Kämpfen, bewirkt die Entfaltung der in den Spielern schlummernden Anlagen.

Die neue Gehirnforschung fordert für Schulen eine *Potenzial-Entfaltungskultur*.[20] Das erinnert unmittelbar an die Charismenlehre des NT. Dass sich die gottgegebenen Gaben entfalten, dass mit ihnen gewuchert wird, ist Gottes erklärter Wille. Wo Entfaltung der Potenziale nicht gegeben ist, wo Charismen vergraben werden, ist der Geber der Gaben derart zornig, dass er die, die ihre Pfunde vergraben, richtet (Matthäus 25,14-30). Die Frage nach den Charismen ist nicht in unser Belieben gestellt. Sie atmet höchsten Ernst und erstaunliche Priorität.

Charismen entfalten sich nicht hinter Kirchenmauern. Sie erblühen draußen in der Welt. Sie entfalten sich gerade auch dadurch, dass es in der Begegnung mit der Welt Ablehnung, Widerspruch, Gegenwind gibt, also Herausforderungen. Wenn wir uns senden lassen, machen wir Erfahrungen, die wir nie haben werden, wenn wir nur auf den Kirchenbänken hocken.

Wenn die Gemeindeglieder mit ihren jeweiligen Gaben gemeinsame Erfahrungen machen, geht das unter die Haut, berührt die Seele. So werden bis dahin schlafende Gemeindeglieder zu Lernenden, *zu Jüngern im Vollsinn des biblischen Wortes*.

Die neue Gehirnforschung erinnert an die *doppelte Urerfahrung* jedes Menschen Da ist einmal die Erfahrung des *Verbunden-Seins*. Wir waren in den ersten neun Monaten unseres

---
20 Hüther: Kommunale Intelligenz.

Daseins mit der Mutter *verbunden*. Sehnsucht nach Verbundenheit, nach inniger Beziehung schlummert in jedem von uns. Das zweite Bedürfnis, das in uns lebendig ist, ist die Sehnsucht, sich zu entfalten, in der Persönlichkeit, in der Erkenntnis und was die Fähigkeiten betrifft. Da spielt der frühkindliche Hang zur Neugier eine Rolle, die Lust, Neues zu erleben, zu entdecken, zu gestalten.

Menschen, die sich auf Christus einlassen, verspüren eine zusätzliche Lust *geistlich* zu wachsen, in der Erkenntnis des Glaubens, auch in der Persönlichkeit. Wenn Gemeindeglieder das alles nicht bekommen, weil man sich hinter den kirchlichen Mauern verschanzt, werden die in ihnen wohnenden Bedürfnisse frustriert. Oft werden solche Christen eng, gesetzlich, hart. Sie sind nicht in den „Lustzirkel des Lernens" eingebunden, wie es die Gehirnforscher nennen. Manche Christen sind im Selbstzweifel gefangen. Der Weg da heraus heißt „Jüngerschaft". Was Gemeindeglieder auf dem Felde der Sendung erleben, im „Lustzirkel des Lernens", wiegt weit mehr als das, was man ihnen in 1000 Predigten vorsagt.

Viele Gemeinden ermutigen die Glieder nicht, ihr missionarisches Potenzial und damit ihr Charisma zu erproben. Wer diesbezüglich stagniert, kommt zu dem Schluss, dass er so etwas alles nicht kann. Dabei gilt: „Ihr seid das auserwählte Geschlecht, das königliche Priestertum, … dass ihr verkündigen sollt die Tugenden des, der euch berufen hat von der Finsternis zu seinem wunderbaren Licht", 1. Petrus 2,9. Königliches Priestertum!

Noch einmal die Gehirnforschung: Sie kennt ein in unserem Hirnstamm verankertes *archaisches Notfallprogramm*.[21] Das wird aktiviert, wenn uns eine Aufgabe hart bedrängt, weil sie uns zu schwer erscheint. Da kommt Aggression auf oder die Flucht in ohnmächtige *Erstarrung*. Man wagt nichts, traut sich nichts zu, hat Angst.

---

21 Endre / Hüther: Lernlust, S. 46.

Aus solcher Angst findet man durch Selbstvertrauen heraus, durch Ermutigung und Inspiration. Genau das vermittelt die missionierende Gemeinde.

Gelegentlich habe ich es mit den *jungen Christen* zu tun. Sie treffen sich in Jugendkreisen. Nach der Schulzeit erwählen sie einen Beruf oder ein Studium, zu dem sie Lust haben. Diese Lust hat etwas mit ihrer natürlichen Begabung zu tun. Die Gaben, die Gott gibt, hat er mit der Lust dazu verbunden. Nun sind sie aber Christen. Wären Sie in einem missionarischen Jugendkreis eingebunden, wären ihre Charismen erwacht. Die werden – wie gesagt – im Vollzug der Sendung entdeckt. Sobald junge Christen ihre Hauptaufgabe darin sehen, um die Herzen ihrer Altersgenossen zu ringen, erwachen die dafür erforderlichen Gaben.

Die meisten jungen Christen, die ich treffe, kennen jedoch ihr Charisma nicht. Wäre es erwacht, spürten sie eine *geistliche Lust,* diese Gabe ihr Leben lang zu betätigen.

Unser Charisma zu leben, dazu hat Gott uns erschaffen. Dazu sind wir geboren und wiedergeboren! Das eigene Charisma zu betätigen, ist das tiefe Glück jedes Christen. Die Gabe zu entfalten und für Jesus einzusetzen, ist Gottes Ziel mit uns.

> *Unser Charisma zu leben, dazu hat Gott uns erschaffen. Dazu sind wir geboren und wiedergeboren!*

„Was ist der Zweck unseres Daseins? Nicht das, dass wir geschwind selig werden, ist die Hauptsache – wer das denkt, täuscht sich gewaltig –, sondern dass wir Kämpfer sind und dass wir die Welt unter Gottes Füße bringen, dass wir die rechten Stimmen sind auf Erden und die Herrschaft der Sünde und des Teufels nicht mehr dulden. So stehen wir im Bündnis mit Gott, und in solchem Kampf werden wir auch gewinnen. Die Sache Christi steht still, wenn die Gemeinde Christi nicht lebendig ist ... Nicht egoistisch und eigenliebig bin ich ein Christ, damit ich selig werde, sondern ich bin ein Christ um *Gottes* willen; ich bin ein Knecht Gottes, der für die Sache Jesu Christi streitet."[22]

Im NT finden sich verschiedene Listen von Gnadengaben, z. B. in Römer 12,6-8:

„Denn die Gaben, die Gott uns in seiner Gnade geschenkt hat, sind verschieden. Wenn jemand die Gabe des prophetischen Redens hat, ist es seine Aufgabe, sie in Übereinstimmung mit dem Glauben zu gebrauchen. Wenn jemand die Gabe hat, einen praktischen Dienst auszuüben, soll er diese Gabe einsetzen. Wenn jemand die Gabe des Lehrens hat, ist es seine Aufgabe zu lehren. Wenn jemand die Gabe der Seelsorge hat, soll er anderen seelsorgerlich helfen. Wer andere materiell unterstützt, soll es uneigennützig tun. Wer für andere Verantwortung trägt, soll es nicht an der nötigen Hingabe fehlen lassen. Wer sich um die kümmert, die in Not sind, soll es mit fröhlichem Herzen tun."

Eine andere Gabenliste steht in 1. Korinther 12,7-11:

„Bei jedem zeigt sich das Wirken des Geistes auf eine andere Weise, aber immer geht es um den Nutzen der ganzen Gemeinde. Dem einen wird durch den Geist die Fähigkeit geschenkt, Einsichten in Gottes Weisheit weiterzugeben. Der andere erkennt und sagt mit Hilfe desselben Geistes, was in einer bestimmten Situation zu tun ist. Einem dritten wird – ebenfalls durch denselben Geist – ein besonderes Maß an Glauben gegeben, und wieder ein anderer bekommt durch diesen einen Geist die Gabe, Kranke zu heilen. Einer wird dazu befähigt, Wunder zu tun, ein anderer, prophetische Aussagen zu machen, wieder ein anderer, zu beurteilen, ob etwas

---

22 Johann Christoph Blumhardt nach: Otto Bruder (Hg.): Heute schauen wir vorwärts. Ein Blumhardt-Brevier für alle Tage, Zürich / Stuttgart: Zwingli Verlag 1966, S. 175.

vom Geist Gottes gewirkt ist oder nicht. Einer wird befähigt, in Sprachen zu reden, die von Gott eingegeben sind, und ein anderer, das Gesagte in verständlichen Worten wiederzugeben. Das alles ist das Werk ein und desselben Geistes, und es ist seine freie Entscheidung, welche Gabe er jedem Einzelnen zuteilt."

Die sogenannten Wortcharismen finden wir in Epheser 4,11-12: „Er (Jesus) hat der Gemeinde die Apostel gegeben, die Propheten, die Evangelisten, die Hirten und Lehrer. Sie haben die Aufgabe, diejenigen, die zu Gottes heiligem Volk gehören, *für ihren Dienst auszurüsten,* damit die Gemeinde, der Leib von Christus, aufgebaut wird."

Kann ein Charisma auch im weltlichen Beruf *voll ausgeschöpft* werden, sollte ein junger Christ darin bleiben. Der Normalfall ist das jedoch nicht. Der Normalfall ist, dass sich unser Charisma am besten in einem geistlichen Beruf entfaltet.

Da höre ich den Einwurf: „Wenn das nun alle junge Christen täten, dann gäbe es ja keine mehr in weltlichen Berufen." Diese Angst muss uns nicht quälen. Leider gibt es zu viele Jugendkreise, deren Mitglieder sich für missionarisch halten, es aber nicht sind und darum auch zur Entdeckung ihrer Charismen nicht kommen. Sie werden weiterhin nach ihrer natürlichen Lust handeln und den Beruf wählen, der ihnen von ihrer natürlichen Begabung her Spaß macht.

Im weltlichen Beruf zu bleiben, weil die Gnadengabe schläft und darum auch die Lust zu ihrer Entfaltung nicht verspürt werden kann, ist ein *traurig Ding.* Weit mehr Menschen würden gesegnet, würden junge Christen ihr Charisma von Berufs wegen voll entfalten.

Unser Charisma zu leben, dazu hat Gott uns erschaffen.

Talente fördern
„Schafe" erfahren, dass sie Hirten sind

Trainer kennen die Talente ihrer Spieler. Sie wissen, was sie können und wo sie Defizite haben. Sie sind in der Lage, den Wert des Spielers für die Mannschaft einzuschätzen. Einfühlsame Trainer wissen, dass die, die über Talente verfügen, auch eine Seele haben. Sie kennen den Charakter der Spieler, ihre Sehnsucht nach oben zu kommen, ihre Moral, ihr Temperament. Sie wissen, wer sich schnell erregt und wer – auch in Ausnahmesituationen – gelassen bleibt. *Das zu erfassen ist einzig und allein deshalb möglich, weil die Mannschaft eine überschaubare Gruppe ist.* Da weiß ein Trainer bald Bescheid, kennt die Stärken und Schwächen der Leute. Viele Monate zusammen zu sein, tut ein Übriges, fördert das Zusammenwachsen.

Kennen Pfarrer, Priester oder Gemeindeälteste eigentlich die Charismen ihrer Gemeindeglieder? Kennen sie ihre Freuden und Nöte, ihr Wesen, die Stärken und Schwächen? Das ist schon in einer freikirchlichen Gemeinde mit 80 Mitgliedern nicht möglich. Unsere Gemeinden bestehen in der Regel aus zu großen Einheiten.

Jesus hatte sich nur 12 Männer zugemutet. Die konnte er in den drei Jahren samt ihrem Wesen und ihren Gaben gut kennen. In einer landeskirchlichen Gemeinde mit vielleicht 2000 Mitgliedern geht diesbezüglich gar nichts. Da kennt der Pfarrer oder der Priester kaum die kleine Schar der ihn umgebenden Mitarbeiter.

Die Schar der Glieder, die sich zur Gemeinde gar nicht halten, bleibt ihr Leben lang für Gottes Wort fast unerreichbar. Die Kurzkontakte anlässlich einer Taufe, Trauung oder Beerdigung ändern daran so gut wie nichts.

Paulus schreibt über den Heiligen Geist: „Einem jeden teilt er seine besondere Gabe zu, wie er will", 1. Korinther 12,11. Diese Gabe gehört zur Persönlichkeit der Christen. Sie auszuüben ist die hohe Aufgabe und das Glück eines jeden. Im beruflichen Leben haben sie vielleicht nur einen Job, um ihren Unterhalt zu verdienen. In der Gemeinde aber, die ihre Gaben kennt, diese will und einsetzt, erleben sie das ihnen vom Geist zugedachte Glück. In allen Christen ist die Sehnsucht angelegt, für die Ewigkeit etwas zu bedeuten.

„Macht zu Jüngern" bedeutet „macht zu Hirten, zu Priestern!" Alle glaubenden Getauften sind Priester, also Trainer eines kleinen Teams in der Gemeinde.

Im NT wird die kleine Hausgemeinde von Ältesten geleitet *(presbyteroi)*. Diese werden auch als Hirten oder Bischöfe bezeichnet. Im Gegenüber zu den Gemeindegliedern, die ja auch Hirten sind, ist ihnen die Leitung der Hirten anbefohlen. Leitung bedeutet nicht Verwaltung, sondern Anleitung zum Hirten- bzw. Priesterdienst. – Was versteht die Bibel unter dem Begriff „Hirte"? Im AT ist Gott Hirte seines Volkes (vgl. Psalm 23). Im NT ist Jesus der gute Hirte (vgl. Johannes 10). Wenn das NT die Ältesten und alle anderen Gläubigen ebenfalls als Hirten bezeichnet, dann soll etwas vom Wesen Jesu, des guten Hirten, in den Leitern und allen anderen Gläubigen sichtbar werden. – Das Wort „Hirte" beschreibt eine Herzenshaltung. Niemals die unselige Struktur: Hier der Hirte – dort die Schafe! Das Hirte-Schafe-Modell als Struktur verstanden, ist für ein lebendiges Gemeindeleben tödlich.

Die Ältesten sind die Trainer von Hirten, nicht von Schafen. Presbyter aber haben mir erklärt: „Unser Pastor ist für das Geistliche da, wir für das Weltliche." Unsere kirchliche Tradition hat ihnen vermittelt und sie haben es geglaubt, dass sie sich für Schafe zu halten haben, die vom Gemeindehirten zu weiden sind.

In manchen Gemeinden, die mich zu Vorträgen über Gemeinde-Entwicklung einladen, beginne ich mit einem Experiment, das bisher leider immer gelang. Ich erkläre den Anwesenden, dass „Pastor" aus dem Lateinischen kommt und „Hirte" heißt.

Dann fahre ich fort: „Euer Pastor ist also ein Hirte. Folglich seid *ihr* und alle Gemeindeglieder ...?"

„Die Schafe!", ertönt es im Brustton der Überzeugung – Gemeinden, in denen die Hirten „demütig" glauben, dass sie Schafe sind. Wenn sich Hirten für Schafe halten, wird die Schafgemeinde aufgrund ihres falschen Bildes zum Quälgeist des Pastors. Sein Elend ist, dass er dem Bild, Diener aller seiner „Schäflein" sein zu wollen, entsprechen möchte. Das setzt ihn unter Druck. Gleichzeitig entmündigt es die Gemeinde.

Manchem Pastor gefällt das, ist er doch dadurch der Wichtigste, ohne den nichts läuft. Aus Bequemlichkeitsgründen gefällt das auch der Gemeinde. Unerkanntes Paradoxon: Das Dienen des Pastors ist in Wirklichkeit ein heimliches Herrschen, das sich mit der Maske des Dienens tarnt. Diese Maske ist dem wahren Dienen täuschend ähnlich, arbeiten viele Pastoren doch bis zur Erschöpfung. Das ist etwa so, als wenn eine Mutter ihrem Kind sagt: Du brauchst nie laufen zu lernen. Ich laufe für dich. Und so liegt das Kind ein Leben lang mit unentwickelten Beinen im Bett. Die Mutter macht sich der Behinderung des Kindes schuldig. Jede Mutter will, dass ihr Kind laufen lernt. Jeder Trainer will, dass die Spieler ihr Potenzial entfalten.

> *Unsere Gemeinden haben ein falsches Bild vom Pastor und von sich selbst, das sie für gottgegeben halten.*

Wir sind Gemeinden von Hirten. Unsere Tradition hat die Hirten zu Schafen gemacht und die haben es mit sich machen lassen. Es dauert und dauert, bis sich dass das ändert.

Einmal hatte ich eine Tagung mit Kirchenvorstehern. Am Ende kamen Teilnehmerinnen und Teilnehmer lachend auf mich zu: „Als Schafe sind wir hierhergefahren. Als Hirtinnen und Hirten fahren wir heim."

Fußball – einst und jetzt
Die Fehler von gestern sind die Lähmungen von heute

Fußball ist Mannschaftssport. Wer Golf spielt, kämpft allein. Golf-Profis haben Assistenten. Wenn es jedoch drauf ankommt, sind sie Einzelkämpfer. Von ihnen allein hängt alles ab.

Gemeinde Jesu ist ein Mannschaftsereignis, keine Sache von Einzelkämpfern. Uns ist jedoch eine Struktur überkommen, die dem widerspricht. Was Gemeinde nach neutestamentlicher Vorstellung ist, müssen wir uns erst wieder aneignen. Das ist schwer, weil die falsche Praxis in uns verankert ist. Sie lähmt uns, korrumpiert auch unsere Theologie, ohne dass wir es merken. So kann es geschehen, dass wir Fehlformen kirchlichen Lebens für gottgegeben halten. In Änderungsvorschlägen sehen wir Angriffe auf die heiligsten Güter. In Wahrheit sind die Fehler von gestern die Lähmungen von heute, aber sie werden nicht wahrgenommen.

Wie sollen Christen das Priestertum aller Glaubenden leben, wenn sie nicht gelehrt werden, was dieses Priestertum ist? Wie sollen Gemeindeglieder Menschen zu Jüngern machen, wenn sie dazu nie Zurüstung bekommen? Sobald Christen solche erfahren, werden sie nicht mehr die „Schafe" ihres Pastors sein. Sie wachsen in die vom NT für sie vorgesehene Priesterrolle hinein, d. h. sie versehen priesterliche Dienste.

Was ist mit uns passiert? Man stelle sich vor: Ein Fußballtrainer holt die Spieler vom Feld, macht sie zu Zuschauern und maßt sich an, das Spiel allein spielen zu können. Absurd! Derart aber existieren die Gemeinden unserer Landes-, oft auch unserer Freikirchen und niemand sieht es. Gemeinde war anders gedacht. *Das traditionelle Pfarramt ist der untaugliche Versuch, eine Mannschaft durch einen einzigen Spieler zu ersetzen.*

„Wir ... haben die Gaben weithin eingesargt ins Pfarramt. Weithin ist der Pfarrer allein König, Priester, Prophet und Lehrer ... Damit aber bleibt die Gemeinde unmündig und der Pfarrer überlastet. Damit unterbleibt der Dienst an der Welt."[23] Luthers Versuch, der Kirche diesbezüglich die Augen zu öffnen, ist fehlgeschlagen:

Wir werden „*allesamt* durch die Taufe zu Priestern geweiht, wie Petrus (1. Petrus 2) sagt: ‚Ihr seid ein königliches Priestertum und ein priesterliches Königreich', und Offenbarung 5,10: ‚Du hast uns durch dein Blut zu Priestern und Königen gemacht.'"[24]

Welch hoher Zuspruch und Anspruch und welch eine bedrückende Wirklichkeit!

Wer sind eigentlich jene „*allesamt*", die da zu Priestern geweiht werden? Das können nicht die sein, die als Kinder getauft wurden, aber nie zum Glauben fanden. In 1. Petrus 2 sind die angesprochen, die „wiedergeboren sind zur lebendigen Hoffnung". *Diese* sind zu Priestern getauft, zu priesterlichen Diensten berufen, also dazu zuzurüsten.

Auf dem Fußballplatz wird das Spiel von den Spielern gespielt, nicht von den Trainern. Dieses Prinzip gilt es in Kirche und Theologie zu verinnerlichen und umzusetzen.

Noch zeigen sich die alten Muster. Ein besonderer „Gottesdienst" ist mir in Erinnerung. Ein Pastor degradiert die Besucher zu Zuschauern, was diese nicht einmal merken:

„*Ich* heiße euch herzlich willkommen!", lächelt der Pfarrer. (Das „Ich" des Alleskönners ist das erste Wort, nicht der Name des Dreieinigen. Die Duftmarke „Pfarrerzentrierung" ist gesetzt.) Drei flotte Lieder, vom Pfarrer auf der Gitarre begleitet. Dann Anspiel für zwei Personen, wie er uns wissen lässt von ihm selbst geschrieben. Die zwei Personen bringt er allein zur Darstellung. Steht er rechts vom Stuhl, ist er der arme Lazarus, steht er links, ist er der reiche Mann. Gekonnt! – Dann eine Kurzpre-

---

23 Rudolf Bohren: Dem Worte folgen. Predigt und Gemeinde, Zürich / Stuttgart, 1963, 155. Im Folgenden: Wort.
24 Martin Luther: An den christlichen Adel deutscher Nation, 1520.

digt. Ernst und Humor wechseln sich ab. Wir sind gepackt, amüsiert. Wieder ein Lied. Dann folgt ein Interview: Mit wehendem Talar und einem Mikrophon bewaffnet eilt der Pfarrer durch die Reihen: „Was empfanden Sie bei den Scheußlichkeiten des reichen Mannes?" „Was dachten Sie, als der Kerl in der Hölle saß?" – Da ging die Post ab. – Am Ausgang lebhaftes Schulterklopfen.

Der „Trainer" ersetzte die Mannschaft. Er hatte die „Spieler" aus dem Spiel geworfen, zum Publikum degradiert, sich selbst dagegen in Szene gesetzt.

Das traditionelle Pfarramt ist der untaugliche Versuch, eine Mannschaft durch einen einzigen Spieler zu ersetzen.

Dabei hätte er alles von Gemeindegliedern ausführen lassen können, auch die Kurzpredigt. So aber blieben die Gaben der Gemeinde auf den Bänken kleben.

In einer Fernsehsendung erlebe ich Annika Keidel, eine angehende Choreografin. Sie bildet junge Menschen zu Tänzerinnen und Tänzern aus. Wenn sie mit jemandem arbeitet, fragt sie sich: „Wohin kann ich ihn bringen? Was ist der nächste Schritt? Was muss ich tun, damit er sich besser entfalten kann?" Sie möchte andere in Szene setzen und nimmt sich selber zurück. Die Leute, mit denen sie arbeitet, sind für sie kein „Bewegungsmaterial". Jedem und jeder einzelnen möchte sie vermitteln, dass er oder sie etwas Besonderes ist. – Ich bin bewegt: Annika Keidel spricht aus, wie das NT den Lernprozess der Jüngerschaft versteht: Die Gemeindeglieder in Szene setzen, sich selber zurücknehmen.

Kirchenleitungen reden gern von der „Versorgung der Gemeinden". Pfarrer sind für sie die Versorger, die Gemeinde die zu Versorgende. Versorgt werden müssen eigentlich Kleinkinder, Kranke, Senioren. Ist die Gemeinde Kindergarten, Krankenhaus, Seniorenheim?

Nach dem NT ist die Gemeinde Ausbildungsstätte für Könige und Priester, Missionsmannschaft und Missionsstation.

Nicht die Trainer – die Spieler spielen das Spiel!
Gemeinde wie von einem anderen Stern

„Wenn du … verstehen möchtest, wie ein Fußballspiel wirklich funktioniert, wirst du sehr gut aufpassen, welches Spielsystem der Trainer entwickelt und wie er jede einzelne Position definiert. Man könnte das unter dem großen Begriff Spielverständnis zusammenfassen." [25]

Verstehen, wie ein Fußballspiel wirklich funktioniert! Ich besuche ein Fußballspiel und weiß: Die wichtigsten Leute sind die Trainer, das Trainerteam. Natürlich weiß ich auch: Diese wichtigsten Leute spielen selber nicht mit. Warum sind sie dann die wichtigsten Leute?

Ihr Amt besteht darin, die Spieler für ihre Aufgabe zu befähigen. Das macht sie zu den wichtigsten Leuten! Die stehen nicht etwa vorn, wie unsere Pastoren, Ältesten oder Priester. Die Trainer stehen am Spielfeldrand. Von dort geben sie der Mannschaft ihre Anweisungen. *Das Spiel aber spielen die Spieler!*

Mit dem Beruf des Trainers ist die Aufgabe derer, die in der Gemeinde leiten, trefflich beschrieben (Pfarrer/Innen, Priester, Älteste, Diakon/Innen). Das gilt es in seiner großen, schwerwiegenden Bedeutung zu verstehen!

Zu den Leitenden treten die geistlich mündigen Gemeindeglieder mit ihren Gaben. Sobald die Gaben erwacht und geübt sind, sind auch diese Gemeindeglieder gerufen, Trainer zu sein. Wie kann das aussehen? Eine Christin lehrt eine Nachbarin! So einfach kann das sein!

Von Christus lesen wir im Brief an die Epheser, er „hat die Apostel gegeben, die Propheten, die Evangelisten, die Hirten und Lehrer. Sie haben die Aufgabe, diejenigen, die zu Gottes heiligem Volk gehören, für ihren Dienst *auszurüsten (zu trainieren)*,

---

25 Lahm, S. 255.

damit die Gemeinde, der Leib von Christus, aufgebaut wird", Epheser 4,11-12.

Wir lesen recht: Sie, *die alle ihre je bestimmten Gaben haben*, sind dazu berufen, die Gemeindeglieder, die auch ihre je bestimmten Gaben haben, *zuzurüsten, zu trainieren!*

Wir sahen, was Paulus über den Heiligen Geist schreibt: *"Einem jeden (Gemeindeglied) teilt er seine besondere Gabe zu, wie er will."*, 1. Korinther 12,11. Dem fügt er hinzu: *"Er hat jedem (Gemeindeglied) seinen Platz zugewiesen."*, 1. Korinther 12,18.

Jeder und jede hat seinen oder ihren Platz, an dem die Gabe Gestalt gewinnt, 1. Korinther 12,18. Wie beim Fußball. Da wird ein Torwart nicht etwa in die Stürmerposition gezwungen. Jeder bekommt den Platz, an dem er sich mit seinem Talent am besten entfalten kann.

Über den Dienst der Leiter wird also Sensationelles gesagt: Sie sind *nicht* dazu da, der Gemeinde mit ihren Gaben zu dienen! Eine wie in Stein gemeißelte Gemeindepraxis, die die pastoralen Aufgaben vorwiegend an Pastoren oder Priester bindet, wird als abwegig entlarvt! Die *Gemeinde* (!) ist von ihren Leitern zu den vielfältigen pastoralen Diensten *zuzurüsten!* Um das Trainieren der Heiligen geht es! Ein heiliges Trainieren!

Unsere Theologischen Fakultäten und Bibelschulen sollten *Trainerschulen* sein. Damit hätten wir den Dienst der Pfarrer, der Priester, der Ältesten verstanden. Sie sind nach dem NT Ausbilder. Training ist *die* Grundvoraussetzung für jede Mannschaft, die Kämpfe bestehen will. Gemeinde Jesu ist ein Mannschaftsereignis, das Trainieren aller Glieder darum unerlässlich.

Das ist Gemeinde nach dem NT. Mit den unseren verglichen müssen wir sagen: *Gemeinde wie von einem anderen Stern.*

Wie aber soll das gehen? Unsere Theologen sind keine Alleskönner, die jeden und jede zu trainieren vermögen.

Zu Trainern sind nicht nur die Theologen berufen. Seine Gabenfülle hat der Heilige Geist nicht auf sie beschränkt. *Alle* sind begabt. Wenn das Trainieren der Christen einmal zum Lebensstil unserer Gemeinden geworden ist, werden alle Christen ebenfalls Trainer sein. Das „Lehrt sie halten" gilt *allen* Jüngern und Jüngerinnen Jesu, jedem Gemeindeglied.

Christen sind immer Lernende und Lehrende zugleich. Sie werden trainiert, um selber zu agieren – und andere zu trainieren.

Das klingt nach einem reichen Gabenpool. Tatsächlich! Es entspricht den Gegebenheiten in unseren Gemeinden! *Jede Gemeinde hat so viele Gaben, wie sie Glieder hat.* Das sind ihre Pfunde, mit denen sie wuchern soll, ein Potenzial, das es zu heben und zu entfalten gilt.

Sind Älteste, Pfarrer, Pfarrerinnen und andere Christen Trainer, dann ist zu fragen, *woraufhin* die Gemeindeglieder zu trainieren sind. Zum Bezeugen des Evangeliums – und zu *allen* pastoralen Diensten, die Theologen bisher allein versehen!

Herr N. ist gestorben. Seine junge Witwe kann das nicht fassen. Um das Begräbnis durchzuführen, macht der Pfarrer einen Besuch. Er spricht der Frau gut zu, notiert sich einiges aus dem Leben des Verstorbenen. Vier Tage später ist die Beerdigung. Verwandte sind angereist, Nachbarn sind gekommen. Das Begräbnis findet statt. Der Pfarrer verabschiedet sich am Grab. Am nächsten Tag ist Frau N. allein in der Wohnung. Sie sieht die Kleidung ihres Mannes, seine Jacke, die er so gern getragen hat. Jetzt, wo der eigentliche Schmerz beginnt, ist niemand zu sehen. Kein Nachbar. Kein Pfarrer. Frau N. bleibt in ihrer Trauer allein. „Weint mit den Weinenden", sagt das Buch der Christen. Der Pfarrer kann nicht. Er hat schon die nächste Beerdigung oder anderes, was ihn hindert, für die Trauernde Zeit zu haben. Zum Trösten von Trauernden braucht man Zeit, auch Kenntnis, wie das geht.

Was ist das für eine Kirche, die zum Weinen mit den Weinenden keine Zeit findet? Da stimmt geistlich und auch strukturell etwas nicht.

Von den Gemeindegliedern hat nur der Pfarrer gelernt, wie man Beerdigungen durchführt. Oft ist das auch nur ihm gestattet. Wie man Trauernde tröstet, hat wohl ebenfalls nur der Pfarrer gelernt. Er allein kann nicht alle Trauernden begleiten. Da erhebt sich doch zwingend die Frage: Warum werden Gemeindeglieder mit der Neigung und der Gabe, Trauernde zu trösten und zu begleiten, nicht von Psychologen und Seelsorgern zu diesem wichtigen Dienst zugerüstet? Sie treffen sich wie ein Hauskreis, aber als „Team für Trauerbegleitung". Sie studieren dort Gottes Wort, beten und stehen für diesen besonderen Dienst auf Abruf zur Verfügung. Nun könnte Frau N., wenn sie es wünscht, regelmäßig besucht werden. Eine Frau aus dem Team würde die Witwe eine Wegstrecke lang in ihrer Trauer begleiten. Die Besuchte würde diese schwere Zeit völlig anders erleben, dadurch vielleicht zum engeren Kreis der Gemeinde finden und dort zum Glauben kommen.

Die Besucherin würde ebenfalls beschenkt. Zu erleben, dass man zu solchen Diensten begabt ist, dass man gebraucht wird, macht dankbar, demütig und froh.

Das „Team für Trauerbegleitung" würde vom Pastor angeleitet werden, auch selbständig Beerdigungen durchzuführen. Da wäre der Kontakt zu den Trauernden unmittelbar gegeben. Das ist Priestertum aller Gläubigen, das den Namen verdient.

Der Heilige Geist ist der Geist des *Pleromas*, der Fülle. Die Ausgießung des Geistes setzt sich in den Christen fort, die sich zu den Menschen aufmachen. Er will durch jeden und jede seinen Segen fließen lassen, nicht nur durch den Pastor, der für sich allein genommen nur ein Rinnsal sein kann. Die Pastorenzentriertheit ist ein geistloser, dummer Zustand, der die Pastoren überfordert und die Gaben der anderen Christen brach liegen lässt.

Das lässt sich auf längerem Wege – Schritt für Schritt – mit Liebe zum Herrn und seiner Sache durchgreifend ändern.

Masseure siegen mit
Jeder ist wichtig und wird gebraucht

In einer Fußballmannschaft gibt es Stürmer, Torwarte und Abwehrspieler, dazu helfende Teams. Jedes hat seine eigene Aufgabe. Die wird zum Wohle des Ganzen eingesetzt.

So soll es auch in der Gemeinde sein. Betrachten wir die Gaben und Aufgaben, die nach dem NT zu den *Wortcharismen* gehören.

„Christus ist es, der der Gemeinde Gaben geschenkt hat: Er hat ihr die *Apostel* gegeben, die *Propheten*, die *Evangelisten*, die *Hirten* und *Lehrer*. Sie haben die Aufgabe, diejenigen, die zu Gottes heiligem Volk gehören, für ihren Dienst auszurüsten, damit die Gemeinde, der Leib von Christus, aufgebaut wird." Epheser 4,11 f.

Apostel meint hier nicht die Zwölf, sondern ist ein Charisma, wahrscheinlich das der Gemeindegründung. *Propheten* sehen, wo der Gemeinde und ihrem Auftrag etwas zuwiderläuft. Sie quält es, wenn sie erkennen, dass bei aller Betriebsamkeit Wesentliches unterbleibt. Propheten sind keine Wahrsager, sondern Warner, die ihre Stimme kritisch zu erheben haben.[26]

Sagt der Prophet, was er wahrnimmt, begehrt der Seelsorger oft auf: „Das ist viel zu negativ. Das könnte ich nie so sagen!" Der *Seelsorger* braucht das auch nicht so zu sagen. Der Prophet *muss* es so sagen, und er muss es so sagen dürfen, ohne dass ihm der Seelsorger über den Mund fährt. Der Seelsorger findet in der Regel heilsame Worte, verbindet Wunden. Der Prophet dagegen macht auf Wunden aufmerksam.

Der *Lehrer* lehrt, führt in die Wahrheit des Wortes ein, stärkt den Glauben. Er ist auf Bildung aus und auf Herzensbildung. So könnte man alle Gaben beleuchten. Der Schreiber des Epheser-

---

[26] Siehe dazu: Klaus Eickhoff: Harmlos – Kraftlos – Ziellos. Die Krise der Predigt und wie wir sie überwinden. Witten: SCM Brockhaus, 2009, S. 302.

briefs legt Wert darauf, dass alle Wortcharismen für die Gemeinde fruchtbar werden, die das Evangelium des Friedens treiben (vgl. Epheser 6).

Der Masseur einer Fußballmannschaft massiert einen verkrampften Muskel nicht allein um dieses Muskels willen. Das auch. Er will, dass der Spieler mit seinem hergestellten Muskel der Mannschaft erneut zur Verfügung steht. Wenn dieser Spieler dann ein Tor schießt, hat der Masseur mitgeschossen. Masseure siegen mit!

Macht zu Jüngern! – Das ist allen Christen gesagt, egal, welche Gaben sie haben, und nicht den Theologen allein.

Was bedeutet es für den, der die Gabe der Seelsorge hat, dass auch er mit dieser Gabe in der Sendung steht? Er treibt Seelsorge, um einem Menschen zur inneren Gesundung zu verhelfen, jedoch auch, damit dieser nun der Gemeinde in der Sendung wieder vollmächtig dient. Wenn durch Seelsorge einem schuldig gewordenen Evangelisten Vergebung widerfährt und er wieder in Vollmacht dient, hat der Seelsorger entscheidenden Anteil daran. Der Seelsorger muss nicht evangelisieren. Das ist die Aufgabe des Evangelisten. Der wiederum muss kein Seelsorger sein. Der Bibellehrer lehrt die Gemeindeglieder, damit diese ihre Erkenntnis auch für sich selbst nutzen. Das größere Ziel ist jedoch, sie für den Dienst der Sendung zu befähigen. Gemeindeglieder, die für die Kirchenreinigung zuständig sind, haben es in einer missionierenden Gemeinde nicht nur mit Staub und Schmutz zu tun. Ihre Arbeit dient – wie alle Dienste in der Sendung – der Verherrlichung des Herrn.

So wenig ein Fußballspieler allein Tore erzielen kann, sondern immer nur im Zusammenspiel mit den anderen Spielern, so wenig wird ein einzelner Christ jemanden zum Glauben führen. Das habe ich im evangelistischen Dienst gelernt: Sogenannte „Damaskuserlebnisse" gab es nie. Suchte jemand mit mir ein Gespräch, kam er auf Leute zu sprechen, die ihm lange vor mir Anstöße zum Glauben gegeben hatten. Da waren eine Großmutter, ein Klassenkamerad, der im Glauben stand und davon erzählt hatte. Alle gehörten im weitesten Sinne zum Team, das der Geist gebraucht hat. Gott war längst im Spiel. Der Evangelist ist nur der Letzte in der Spielerkette. Danach wird Seelsorge wichtig, die biblische Lehre, die Gemeinde als Leib.

Beim Fußball gibt es Positionen, die fürs Toreschießen nicht vorgesehen sind. Und doch würde ohne die Spieler auf diesen Positionen weder ein Tor geschossen noch das Spiel überhaupt stattfinden. Ohne Schürrles Flanke hätte Götze das Tor zum Weltmeistertitel 2014 nicht schießen können.

Ich habe Gemeindeleiter erlebt, die traurig waren, dass sie noch nie jemanden zum Glauben führen konnten. Wenn sie keine evangelistische Gabe haben, ist es nicht ihre Aufgabe. Sie sollen in der Gemeinschaft ihres Teams mit dem dienen, was ihnen gegeben ist. Sie sollten auf ihre Weise Christus bezeugen, sei es lehrend, seelsorglich, in einem diakonischen oder anderen Dienst. Sie dürfen in der Reihe der Zeugen für diesen Menschen keineswegs fehlen. Sie spielen dem, durch den der Betreffende schließlich zum Glauben kommt, den Ball zu.

Jeder hat seine eigene Gabe und Aufgabe und diese werden zum Wohle des Ganzen eingesetzt. Das Ergänzen aufgrund der Verschiedenheit macht den Reichtum aus und ist die Voraussetzung, um als Mannschaft zusammenzuspielen.

Spiele entwickeln sich
Zauber der Verwandlung: Raupe und Schmetterling

Dribbelkünstler standen beim Fußball einst hoch im Kurs. „Dribbeln – das galt vor 1900 als höchste Kunst ... Jeder dribbelte für sich allein. Die Mannschaftskameraden standen auf ihren Positionen und schauten zu ... Von einem Zusammenspiel, gar von Kombinationen war lange nicht die Rede. Erst als eine englische Mannschaft im Jahre 1899 eine österreichische mit 15:0 abfertigte, und man sich allseits wunderte, dass der unterlegene Gegner minutenlang den Ball nicht berührte, erst da erkannte man, dass es viel leichter war, mit dem Mitspieler zusammen die Gegner in der Kombination auszuspielen und zum Torschuss zu kommen, als auf eigene Faust loszuziehen ..."[27]

Das ist eine Absage an alle isolierten Einzelaktionen und ein Plädoyer für das Zusammenspiel. Teamgeist ist gefragt, Mannschaftsdenken. Wie wir sahen, war das nicht immer so. Aber man hat gelernt. Fußball – der Sport, der sich entwickelt!

In unseren Gemeinden sind meistens die Einzelkönner am Werk. Pastor oder Priester und dominante Mitarbeiter regieren die Gemeinden und merken nicht, dass *sie* es sind, die das Spiel dadurch gründlich verderben.

Pastor und Presbyter verstehen sich als Gemeindeleitung. *Genau genommen ist ihr Leiten jedoch ein Verwalten:* „Was machen wir im nächsten Halbjahr?", „Wer predigt wann?", „Machen wir in diesem Jahr eine Freizeit?", „Welchen Referenten laden wir ein?", „Das Kirchendach muss repariert werden." Und, und, und ...

Das ist alles wichtig. Aber das ist *Verwalten.*

Leiten im biblischen Sinne setzt eine Gruppe voraus.

Jesus hat uns vorgemacht, wie man im Gottesvolk leitet. *Er leitete eine Gruppe – von zwölf Leuten!* Auch wenn wir die Zahl

---
27 Sprenger, S. 163 f.

nicht gesetzlich nehmen, muss uns das etwas sagen! Warum hat Jesus nur zwölf Jünger erwählt? Warum nicht 50 oder 150? Wäre das nicht effektiver gewesen? Jesus wusste, was er tat. Bei zwölf Leuten lässt sich mit jedem Tuchfühlung halten. Man lernt sich kennen und damit verstehen, kann mit jedem unter vier Augen sprechen, weiß, was jemand denkt, braucht, was ihn oder sie aufbaut. Man weiß zu loben oder zu mahnen, zu korrigieren. Mit 50 oder 150 geht das nicht. „Einer trage die Last des anderen!" Diese Aufforderung lässt sich nur in kleinen Gruppen umsetzen, z. B. in Hausgemeinden.

Wir beachten das häufige Vorkommen der Reziprok-Pronomen im NT. Christen sollen *einander* die Lasten tragen, Galater 6,2, *einander* trösten und *einander* erbauen, 1. Thessalonicher 5,11, *einander* Gutes tun, 1. Thessalonicher 5,15, *einander* verzeihen, Kolosser 3,13, und andere Stellen. Dieses Wort weist nicht nur auf ein wichtiges Stück urchristlicher Theologie, es zeigt, dass auch die späteren Gemeinden in kleinen Gruppen bzw. Hauszellen existierten.

Beachten wir, was Paulus über das Handeln des Heiligen Geistes schreibt: „Einem jeden teilt er seine besondere *Gabe* zu, wie er will", 1. Korinther 12,11. Und dann: „Er hat jedem seinen *Platz* zugewiesen", 1. Korinther 12,18. *Gabe und Platz!* „Platz" ist der Ort, auch die Art und Weise der Gestaltwerdung der Gabe.

Ich kenne viele Christen. Nur wenige von ihnen wissen um ihre Gabe, noch wissen sie von einem ihrer Gabe gemäßen Platz, an dem sie ihre Gabe optimal einsetzen könnten.

Unsere Gemeinden sind in der Regel nicht so, wie das NT Gemeinde beschreibt.

In einem Erweckungsgebiet habe ich Gemeinden nach der Weise des NT erlebt. Eine Gemeinde in Süd-Korea hatte über 20.000 Mitglieder. Ihre Struktur sah in etwa folgendermaßen aus:

⑫   12   Älteste
⑫x⑫   144   Pastoren
⑫x⑫x⑫   1728   Teamleiter
⑫x⑫x⑫x⑫   20736   Gemeindeglieder

Der Senior-Pastor leitete 12 Älteste.
Jeder Älteste leitete12 Pastoren = 144 Pastoren.
Jeder Pastor leitete 12 Team-Leiter = 1728 Teamleiter.
Jeder Team-Leiter leitete eine Zellgruppe
mit ca. 12 Gemeindegliedern = 20736 Gemeindeglieder.

Jede Zellgruppe der großen Baptistengemeinde sah sich als missionarisches Netz, Menschenfischernetz! Sie besprachen die letzte Predigt, die der Leiter für alle kopiert hatte. Sie studierten die Bibel, beteten und missionierten dadurch, dass sie von den Zellgruppen aus den Menschen ihrer Nachbarschaft praktische Dienste kostenlos anboten: Fahrräder reparieren, verwohnte Behausungen renovieren, Haare schneiden, in hohen Häusern ohne Aufzug schwere Einkaufstaschen schleppen helfen etc. Die, denen geholfen wurde, freuten sich und fragten bald: „Warum macht ihr das?" So konnte man sie einladen: „Komm doch mal mit!" In fast allen Erweckungsgemeinden, die ich auf mehreren Erkundungsreisen rund um die Welt erlebt habe, habe ich diese Struktur gefunden. Die kleine missionierende Gruppe! Das ist die *Jesus-Struktur, Gemeinde nach dem NT.*

Viele unserer Gemeinden haben Hauskreise. Diese fühlen sich oft wie eine Familie, lesen die Bibel und reden darüber. Austausch biblischer Gedanken. Das ist wunderschön, Leute, die mit Ernst Christen sein wollen. Wenn sie sich nun Jahr für Jahr versammeln und über den internen Gedankenaustausch nicht hinausfinden, tun sich Fragen auf:

Habt ihr vielleicht vergessen, dass auch euch Jesu Sendung gilt? Wann wandelt ihr euch in eine Gesandtschaft, in ein für andere offenes Team?

Ein wenig ist das Ganze wie in der Natur: Es gibt Raupen, die daraufhin geschaffen sind, zu Schmetterlingen zu werden.

Die Metamorphose von der Raupe zum Schmetterling ist das Selbstverständlichste der Welt. Christen in Hauskreisen sind dazu da, ihre Sendung zu ergreifen. Da wachsen ihnen „Flügel". Es geht darum, sich aus dem Raupenstadium des bloßen Konsumierens zu lösen, sich in Schmetterlinge zu verwandeln. Von Schmetterlingen geht neues Leben aus! Sie legen die Eier, die zur Geburt neuer Raupen führen, die wiederum Schmetterlinge werden. *Zauber der Verwandlung!*

Raupe-Sein – das ist das notwendige Fressstadium auf den zukünftigen Schmetterling hin. Da nehmen sie Nahrung auf, die sie zu ihrer Verwandlung brauchen. Die Raupenzeit eines Hauskreises ist die Zeit der *Zurüstung zur Jüngerschaft und zur missionarischen Entfaltung!* Verpasst die Raupe die Metamorphose zum Schmetterling, bedeutet das in der Natur den Tod der Raupe. So sind viele Hauskreise nach geistlich lebendigem Start, drei bis vier Jahre danach, zwar fröhlich beieinander – missionarisch betrachtet jedoch tote Raupen.

In einem Hauskreis, der zehn Jahre lang zusammen war, sagte man mir: „Wir sind bewusst nicht missionarisch. Sonst verliert unser Kreis seinen persönlichen Charakter."

Missionarisch gesehen waren die Mitglieder mausetot und haben es nicht gemerkt, hielten sich geistlich gesehen sogar für putzmunter. Sie glaubten ja, lasen die Bibel, beteten, hatten biblisches Wissen angesammelt. Ein Potenzial, mit dem sich missionarisch viel hätten bewegen lassen. Aber sie behielten alles für sich selbst. Sie hatten verdrängt, dass sie als mit solchem Fundus Gesegnete längst berufen waren, Menschen zu Christus zu rufen. Was wäre zu tun?

Die Fressphase der Raupe ist um der Metamorphose willen wichtig. Ohne Bild: Zunächst ist für die ersten zwei Jahre Bibellesen und Gespräch angesagt. Dann ist der Hauskreis als „Schule für Jüngerschaft" zu verstehen. Da könnte man Folgendes tun:

1. Wir beginnen, die eigene Glaubensgeschichte ohne fromme Worte zu formulieren, möglichst auswendig zu lernen und gezielt anzuwenden.
2. Wir lernen Gespräche über den Glauben zu führen, üben sie ein und üben sie aus. Wir reflektieren im Kreis, was wir in der letzten Woche dabei erlebt haben. Das führt zu einem Austausch neuer Art:
Statt Gedankenaustausch – Erfahrungsaustausch!
3. Wir lernen Einwände gegen den Glauben kennen und besprechen, wie man ihnen begegnet. Da sind Rollenspiele hilfreich.
4. Wir lesen gemeinsam oder als Hausaufgabe evangelistische Bücher[28], reflektieren die Inhalte, eignen uns dadurch biblische Missionstheologie und zugleich missionarische Fähigkeiten an.
5. Irgendwann beginnen wir selber ein paar Leute zu suchen, denen wir auf regelmäßiger Basis Christus verkündigen: Es entstehen kleine geistliche Entdeckerrunden, die nun von den Hauskreismitgliedern geleitet werden.
Aus Mitgliedern werden Leiter.
6. Was wird aus unserem Hauskreis? Der Hauskreis verwandelt sich in einen *Leiterkreis*. Die Leiter brauchen unbedingt einen Ort, wo sie sich ihre Erfahrungen mitteilen. Erfahrungsaustausch! Bald werden wir unsere „Lehrlinge" lehren, ihrerseits andere zu lehren.

---

28 z.B. meine Bücher „Leben und wozu?", „Mach mal Pause", „Wie ein Spatz im Käfig", „Warum geht es uns nicht gut, wenn es uns gut geht". Erschienen in der Christlichen Verlagsgesellschaft mbH, Dillenburg.

Paulus schreibt an Timotheus: „Gib die Botschaft, die du von mir gehört hast und deren Wahrheit dir von vielen Zeugen bestätigt wurde, an vertrauenswürdige und zuverlässige Menschen weiter, die ebenfalls fähig sind, andere zu lehren.", 2. Timotheus 2,2.

Die 50-80 Gemeindeglieder, die sich zum Gottesdienst halten, existieren – auf den Leib der Gemeinde bezogen – meistens als *Einzelchristen*. Gemeinschaftlich, organisch, wie es einem Leib entsprechen würde, sind sie miteinander nicht verbunden. Sie gehen zum Gottesdienst wie Fußballfans zum Fußballspiel. Sie erleben den Gottesdienst, der für einzelne durchaus ein Ort der Zuflucht sein mag. Man sieht sich, freut sich, aber wird i. d. R. nicht gebraucht.

So sitzen in den Gemeinden Leute, deren Charisma nie entdeckt wurde. Man hat von der Gemeinde niemals gehört, dass man eine geistliche Gabe hat, geschweige denn, dass diese gewollt oder gebraucht wird. So passiert es landauf, landab, dass es gläubige Christen gibt, die jahrelang zu einer Gemeinde gehören, aber nicht wissen, welche geistliche Gabe ihnen gegeben ist, die Gott ihnen doch für seine *missio* anvertraut hat!

Man hat jahrzehntelang Elementares übersehen, was eine Gemeinde nach dem NT zur Gemeinde macht: *Man hat die Sendung übersehen*.

Man hat geglaubt, von Herzen dafür zu sein, dass Menschen zum Glauben kommen, sei schon missionarisch. Man hat geglaubt, eine *missionarische Gesinnung* zu haben, genüge. Nein! Das ist eine bloße Gesinnungsgemeinde. Gemeinde ist missionarisch, wenn sie für Christus brennt und eine Gestalt entwickelt, in die die Glieder derart *organisch* eingebunden sind, dass sie eine Missionsmannschaft bilden. Um missionarisch zu *denken*, braucht man keine missionarische Struktur. Möchte man jedoch missionarisch *sein,* kommt man ohne eine der Sendung entsprechende Gestalt nicht aus. – Es gilt zu begreifen, dass unsere klassischen Gemeinden in der Regel in lebensfeindlichen Strukturen gefangen sind.

Gemeinde, von Jesus fasziniert, drängt zur Verleiblichung. Der Geist drängt auf Gestaltwerdung der Gesinnung! Missionarische Gesinnung ohne Gestalt, das ist Selbsttäuschung. Gestalt ohne missionarische Gesinnung ist Selbstbetrug.

Das alles habe ich erst lernen müssen. Ich habe Evangelisationen gehabt, da konnte es geschehen, dass 20-30 Leute in die Seelsorge kamen, ihre Sünden bekannten, Vergebung empfingen und Jesus aufnahmen. Ich war glücklich. Nach 2 Jahren wurde ich erneut eingeladen. Von den 20-30 waren nur noch 3 in der Gemeinde zu sehen. Der Pfarrer sagte: „Klaus, so schön es damals war, bei den meisten war es ein Strohfeuer. Es war nicht echt." – Aber ich hatte doch erlebt, dass es echt war! Da habe ich gelernt: Diese Gemeinde, die mich eingeladen hatte, war gar keine missionarische Gemeinde. Missionarisch war die Gesinnung des Pfarrers und seiner Mitarbeiter, auch die vieler Gemeindeglieder, ja. Aber es fehlte die Struktur, die die Gewonnenen hätte aufnehmen können. Die Gemeinde war auf Neue, die zum Glauben gefunden hatten, nicht eingerichtet. Sie ist ihnen keine Heimat geworden. Da habe ich als Evangelist begonnen, über Gemeindestruktur, Gestalt und Aufbau nachzudenken. Es entstand mein Buch „Gemeinde entwickeln für die Volkskirche der Zukunft".

Der Heilige Geist ist ein Praktiker. Der will die zur Gesinnung erforderliche Gestalt!

Fußballvereine – die klugen Gestalter
Gemeinde und die dynamische Struktur

Die Gestalt der Fußball-Bundesliga-Vereine ist vorbildlich. Sie verfügen über Teams, die verschiedene Aufgaben versehen und auf ihr Ziel hin zusammenspielen: *Medizinabteilung, Vereins-Management, Chefetage, Sportdirektoren, Medienabteilung, Pressesprecher, Redakteure, Ordner, Fanshop, Finanzexperten, Marketingexperten.*

Diese Teams nehmen praktische Aufgaben wahr. Sie wirken in ihrer Originalität, Individualität und verschiedenen Aufgabenstellungen *organisch zusammen*. Man stelle sich einmal vor, eine Vereinsmannschaft hätte keine Teams. Wie sollte das gehen? Der Verein wäre nicht lebensfähig. Das macht den Fußballverein aus, dass er Teams für verschiedene Aufgaben hat, die jedes auf ihre Weise mithelfen! Fußballvereine, die klugen Gestalter!

Die Team-Struktur eines Fußballvereins auf eine Gemeinde zu übertragen, hätte einen Aufbruch geistlichen Lebens zur Folge, *vorausgesetzt, dass die Glieder von ihrer Sache ebenso erfüllt sind, wie die Leute vom Sportverein von der ihren.*

Die neutestamentlichen Gemeinden hatten eine das geistliche Wachstum fördernde Struktur. Sie bestanden aus *kleinen Teams* und verliehen so dem Evangelium Gestalt. Die Christen waren wie organische Glieder an einem Leib in ihren Hauskirchen eingebunden.

Die Glieder an einem Leib sind durch Nerven, Sehnen, Bänder verbunden. Voneinander isoliert könnten sie nicht leben. So hängen auch die Glieder am Leib Christi zusammen (vgl. Epheser 4,16) in kleinen „Teams" – wie die Finger an einer Hand. So ist auch die Gemeinde erst durch ihre kleinen lebendigen Einheiten, mit konkreten Aufgaben ein wirklicher Leib!

Wie ist es beim menschlichen Leib? Da ist die rechte Hand mit den Fingern etc., das Team „Rechte-Hand". Das Team

„Linke-Hand" ist dem Team „Rechte-Hand" zugeordnet und umgekehrt. Alles ist Zusammenspiel. Da sind weitere Teams: Rechter-Fuß und Linker-Fuß, Mund, Nase, Augen, Ohren, etc. Organismen – miteinander verbundene Teams.

In unseren Gemeinden sind die Glieder meistens *Einzelglieder,* organisch nicht miteinander verbunden. Sind die Glieder eines Leibes voneinander getrennt, sind sie als eine Ansammlung von isolierten Gliedern „Leichenteile."

Gläubige Christen, ja. Aber ein lebendiger Leib? Fehlanzeige!

Das beschreibt viele Gemeinden im deutschsprachigen Raum: Die Mitglieder sind Einzelchristen. Das betrifft einmal die, die sich nur im Gottesdienst sehen lassen. Dazu kommen in den Landeskirchen viele Getaufte ohne Glauben an Christus, die darum auch die Gemeinschaft der Heiligen meiden wie die Pest. – Ich stamme aus solch einer „evangelischen" Familie. – Wir waren tote Glieder. Leichenteile unserer toten Gemeinde.

Natürlich sind nicht alle von ihrer Ortsgemeinde isolierte Glieder geistlich tot. Wer Christus seinen Herrn nennt, gehört zur Gemeinschaft der Heiligen. Aber *die Gemeinde vor Ort –* um die geht es hier – ist geistlich tot, wenn ihre Glieder nicht miteinander verbunden sind. Die Gemeinde wird in dem Maße geistlich lebendig, wie sie sich zu einem Leib kleiner Einheiten entwickelt. Wir müssen lernen, in kleinen organischen Teams zu denken, wollen wir denn *Menschenfischergemeinden* werden.

So wie Jesus mit den Zwölfen ein Netz geknüpft hat, könnten wir ebenfalls Netze knüpfen, kleine Gruppen bilden. Nur so überwinden wir das tote Einzelchristentum!

Die Mitglieder der kleinen Gruppen sind sich ihrer Sendung bewusst. Sie haben Gaben, geistliche und natürliche. So haben sie auch *Interesse an bestimmten kreativen Aufgaben.*

Praktische Beispiele:

Einige Glieder sind diakonisch interessiert. Sie bilden ein *Diakonie-Team.* Hier studieren sie Gottes Wort, beten und bieten in der Gemeinde und in ihrem Umfeld diakonische Hilfe an. In Apostelgeschichte 2 steht: *Die Christen „fanden Wohlwollen beim ganzen Volk".* Das ist ein Indiz dafür, dass das Volk praktisch etwas von den Christen hatte. Diakonieteams sind sichtbare Zeichen der Liebe Jesu an ihrem Wohnort. Als „missionarisches Fischernetz" sind sie bedacht, neue Teilnehmer zu gewinnen, Gläubige, Ungläubige, Zweifelnde. Im Team hat jemand ein seelsorgliches Charisma, ein anderer ein evangelistisches oder die Gabe der Lehre usw. Das alles erwacht und entwickelt sich jetzt. Wunderbar!

Ein anderes Team weiß sich für *Trauernde* in der Gemeinde verantwortlich. Sie lernen, Beerdigungen vorzunehmen und – was wichtiger ist – die Trauernden danach zu begleiten. Zugleich wissen sie sich als missionarisches Auffangnetz, denn nichts tröstet mehr, als wenn Trauernde zum Glauben an Christus kommen.

In einem anderen Team treffen sich Leute, die Interesse am Töpfern haben. Vielleicht gib es eine Frau, die das besonders kann und andere lehrt. Der missionarische *Töpferkreis* studiert ebenfalls Gottes Wort und betet. Sie stehen füreinander ein und töpfern für gute Zwecke. *Christlicher Töpferkreis!*

Wunderbar wäre ein missionarisches *Handwerkerteam!* Da treffen sich Handwerker und Hobbyhandwerker. Sie sind für Hilfsbedürftige innerhalb und außerhalb der Gemeinde da, einer alten Dame renovieren sie die Küche oder das Wohnzimmer. Sie mähen den Rasen eines bettlägerigen Witwers, sie tun kostenlos Liebesdienste für Bedürftige innerhalb ihres Ortes. Das spricht sich herum, steht ja auch in der Gemeindezeitung.

Hier denke ich an meinen, die Kirche und die „Pfaffen" verachtenden Onkel. Er war Handwerker durch und durch. Als ich Christ geworden war, habe ich ihm vom Glauben zu sagen versucht. Bin immer abgeblitzt. Nun stelle ich mir Folgendes vor: Jemand aus der Gemeinde wäre auf ihn mit folgender Bitte zugegangen: „Du bist ein so guter Handwerker. Wir könnten dich dringend im Handwerker-Team unserer Kirche gebrauchen. Bitte hilf uns doch!" Ich glaube, mein Onkel wäre nur so dahingeschmolzen. Diese Wertschätzung! Er wird gebraucht! Welch ein wunderbares Zeichen seiner Kirche, die nach ihm fragt. Sein Bild von der Kirche hätte sich positiv gewandelt. Da bin ich mir sicher.

Ein anderes Team engagiert sich in der sozial-missionarischen *Flüchtlingsarbeit*.

Etliche sind musikalisch, bilden *kleine Chöre*, missionarische Ensembles. Sie werden ab und zu im Gottesdienst auftreten, vielleicht öffentliche Konzerte geben.

Vielleicht findet sich auch ein *Sportteam*, evtl. ein *Fußballteam* in der Kirchengemeinde.

Andere Gemeindeglieder können Texte schreiben und schauspielern. Sie bilden eine *Theatergruppe*, die gelegentlich mit Anspielen den Gottesdienst bereichert. Vielleicht gehen sie auch mit ihren Theaterstücken an die Öffentlichkeit.

Bastel- und Handarbeitsgruppen. Sie sprudeln bekanntlich nur so vor Kreativität. Mehr und mehr erleben sie die Freude, in den eigenen Talenten aufzublühen. Ein anderes Team führt *Malkurse* durch, lädt zu Vernissagen ein.

Aufgrund der Kreativität kommt endlich auch das Schöpferische ins Spiel, das bei uns oft vernachlässigt ist: Das Ende der unseligen Verkopfung!

Das alles macht nur Sinn, wenn das Ganze kein Selbstzweck wird, wenn sich alle allezeit missionarisch verstehen. *Jedes Glied, das sich zur Gemeinde hält, sollte in einem Team „vernetzt" sein!* Alle sind darauf aus, Leute einzuladen, nicht zur verpönten Bibelstunde, sondern zum Bastelkreis, zur Sportabteilung, zum Fußballkreis etc.

Das setzt geistlich mündige Leitungspersönlichkeiten voraus. Zu dem Leiter oder der Leiterin hat jede Netzgruppe möglichst einen Co-Leiter bzw. eine Co-Leiterin. Die treffen sich nun ihrerseits im von einer geistlichen Persönlichkeit geleiteten Leiterkreis.

Dieser *Gesamt-Leiterkreis* ist Herz und Hirn der Unternehmung! Hier tauscht man sich über das Leben in den Teams aus. Die Leiter berichten. Sie brauchen ein Ohr, das auf sie hört und weniger einen Mund, der auf sie einredet. Der oder die Leiter des Leiterkreises hören zu und reden wenig.

In gewissen Abständen berichten die Teams im Gottesdienst. Dadurch entsteht ein WIR-Gefühl in der Gemeinde. Sie ist doch ein Leib und der muss seine Glieder wahrnehmen.

Manche Gemeindeglieder haben eine evangelistische Begabung. Sie sind in einem Team, das sich der Durchführung von *Glaubensseminaren* verschrieben hat. Ein anderes *evangelistisches Team* bereitet eine öffentliche Vortragswoche über elementare Fragen vor. Etwa: „Wie sinnvoll ist das Leben?" Dazu engagieren sie alle Teams, denn dazu wird jeder gebraucht.

Das alles habe ich in Gemeinden rund um den Erdball gesehen. Die Voraussetzung dafür, dass große Gemeinden heranwachsen, war die kleine Zahl, die vielen kleinen Teams.

So habe ich es auch in Willow Creek, USA, erlebt. Ihr Pastor Bill Hybels schreibt:

„Jede Gemeinde muss sich einige Schlüsselfragen stellen: Wen hat Gott zu uns geführt? Was ist der besondere Beitrag, den diese Menschen leisten können. Wohin scheint uns der Heilige Geist zu führen? Was sagt der gesunde Menschenverstand? Ich garantiere ihnen eines: Welche noch so kuriose Form des Dienstes eine Gemeinde auch anbietet – irgendjemand in dieser Gemeinde oder ihrem Umfeld braucht verzweifelt genau diesen Dienst."

In Apostelgeschichte 2,42-47 ist diese Struktur deutlich erkennbar: Man trifft sich in den Häusern. Es geschehen handfeste Zeichen, nicht nur Wunder. Sie teilen ihre Güter und Habe an Notdürftige aus, Zeichen der Nächstenliebe. Noch einmal: Dass sie Wohlwollen beim ganzen Volk finden, zeigt, dass sie nicht nur den Gläubigen halfen. Sie waren in ihrem Ort präsent.

Luther zeigt in seiner „Vorrede zur deutschen Messe" 1526: „Es müssten diejenigen, die mit Ernst Christen sein wollen und das Evangelium mit Taten und Worten bekennen, sich mit Namen eintragen und irgendwo in einem Haus versammeln, um zu beten, zu lesen, zu taufen, das Abendmahl zu empfangen und andere christliche Werke zu tun." Unverkennbar hier die Nähe zur Apostelgeschichte und zu den beschriebenen Teams.

Das hier Beschriebene ist von der Größe einer Gemeinde völlig unabhängig. Alle Naturgesetze gelten in kleinen Räumen genauso wie in großen. Man kann mit einem Team von zwei oder drei an Christus hingegebenen Leuten beginnen. Wenn diese von Herzen Menschen für Christus gewinnen wollen, stehen sie mit ihrem Vorhaben unter einer großen Verheißung: Christus ist mitten unter ihnen (Matthäus 18,20).

Einigkeit macht's möglich
„Ich bete, dass sie alle eins sind ..."

Als ich 28 Jahre alt war, lebte ich in Münstedt, einem liebenswerten Dorf in Niedersachsen. Bald war ich Mitglied im Sportverein. Wenn meine Zeit es erlaubte, spielte ich Fußball in der Alte-Herren-Mannschaft. Manchmal waren wir uns während des Spiels in der eigenen Mannschaft nicht einig und meckerten uns gegenseitig an. Das waren dann auch prompt die Spiele, die wir verloren haben.

In den Profiligen ist allen klar: Ohne Einigkeit läuft gar nichts. Wehe, es gibt Störenfriede in der Mannschaft! Die sind nicht mehr lange dabei. Selbst die Einigkeit der Fans ist wichtig. Man will ja eine *geschlossene Schar* hinter sich haben.

Die Einheit der Gemeinde ist nach der „Gerechtigkeit des Gottlosen allein aus Glauben", das große Thema im NT. In Johannes 17,20 betet Jesus im Blick auf seine Gemeinde: „Ich bete darum, dass sie alle eins sind – sie in uns, so wie du, Vater, in mir bist und ich in dir bin. Dann wird die Welt glauben, dass du mich gesandt hast."

Unglaublich viel hängt von der Einheit der Christen ab. Wir können die Spaltung der Christenheit auf Erden nicht beseitigen. Wir können sie aber *in unserem Umfeld* zeichenhaft beenden, indem wir Christen primär als Christen wahrnehmen und sie nicht aufgrund ihrer Gemeindezugehörigkeit in bestimmte Schubladen stecken. Die, „die den Herrn Jesus liebhaben" (Epheser 6), finden sich in allen Konfessionen! Und die sollen sich zusammentun, um Hilfsbedürftigen zu helfen, zusammen zu evangelisieren, zusammen Veranstaltungen durchzuführen, zusammen zu feiern. Dabei geht es nicht um eine Ökumene, in der sich Kirchen oder Gemeinden zusammenschließen und dabei theologische Unterschiede unter den Teppich kehren, sondern um das praktische Zusammenarbeiten derer, die mit Ernst Christen sein wollen – aus allen Gemeinden.

Das wäre der gelebte „ekklesiologische Spitzensatz", der etwas vom innersten Wesen der Gemeinde Jesu formuliert, Galater 3,28: „Hier gibt es keinen Unterschied mehr zwischen Juden und Griechen, zwischen Sklaven und freien Menschen, zwischen Mann und Frau. Denn durch eure Verbindung mit Jesus Christus seid ihr alle zusammen *ein* neuer Mensch geworden."

Dieser Satz ist *um Gottes willen* zu erweitern: „Hier gibt es keinen Unterschied zwischen Kirche und Freikirche, wir sind alle eins in Jesus Christus." Ich rede von denen in den Konfessionen, die „den Herrn Jesus liebhaben", Epheser 6,24. Den anderen, die den Herrn Jesus noch nicht kennen, möchten wir seine Liebe verkündigen, damit sie ebenfalls dahin gelangen, den Herrn Jesus liebzuhaben.

Sinnvolle Regeln – dynamisches Spiel
Verbindlichkeit und die missionarische Infrastruktur

Mannschaftsspiele brauchen Regeln. Das gilt auch für den Fußball. Regeln engen das Spiel nicht etwa ein, sie bringen es erst zur Entfaltung. Die Schiedsrichter sorgen dafür, dass die Regeln eingehalten werden, denn sie sind absolut verbindlich.

Fast alle Hauskreise, die ich kennengelernt habe, litten unter der Unverbindlichkeit ihrer Teilnehmer. Mal kommt man, mal nicht. Mal hat man Lust, mal nicht. Ist ein toller Krimi im Fernsehen zu sehen, bleibt man zu Hause.

Geistlich mündige Christen in Dienstgruppen oder in der oben beschriebenen Lehrwerkstatt brauchen verbindliche Regeln. Diese ermöglichen Lernprozesse, ohne die ein zielorientiertes Handeln unmöglich ist. Verbindlich sein bedeutet treu sein. Treue ist ein Wesenszug Gottes. Bewährt haben sich folgende Vereinbarungen:

1. Wir kommen regelmäßig – keiner fehlt.
2. Wir kommen pünktlich – wir schließen pünktlich.
3. Wir sind gut vorbereitet.
4. Wir denken und reden gut voneinander.
5. Wir sind bereit, Anteil zu nehmen und zu geben.
6. Wir sind verschwiegen.
7. Wir beten füreinander.
8. Wir sind verfügbar und hilfsbereit.
9. Wir sind lernbereit.
10. Wir sind und bleiben bescheiden.

Das Einhalten der Regeln hat erstaunliche Auswirkungen: Weil man sich aufeinander verlassen kann, wird die Gemeinschaft ungemein gestärkt, Vertrauen wächst, die Konzentration der Kräfte wird gefördert. Das Befolgen der Regeln beflügelt.

Mir sind landeskirchliche und freikirchliche Gemeinden begegnet, die sich für missionarisch hielten, dabei hatten sie nicht einmal eine missionarische Infrastruktur.

„Missionarische Infrastruktur" – was ist darunter zu verstehen?

1. An erster Stelle geht es darum, *was der Gemeinde gepredigt wird*. Der Gemeinde ist immer wieder Jesus vor Augen zu malen, sein Erbarmen, seine Retterliebe für uns und alle Verlorenen. Das weckt das Erbarmen in den Herzen der Gemeindeglieder. Ohne das herzliche Erbarmen zu den Menschen jenseits unserer Mauern verkommen kirchliche Handlungen zu Programmen ohne Herz. Wenn ich mir die Predigtthemen der Gemeinden anschaue, stelle ich fest: Die missionarische Nächstenliebe kommt kaum vor, ist kein Thema. Aber im Brustton der Überzeugung sagen sie: „Wir sind eine missionarische Gemeinde." Sie sind es nur der Gesinnung nach. Wenn die Gesinnung nicht zur Gestalt wird, steht die Gemeinde als „Herr, Herr-Sager-Gemeinde" im Gericht.

2. Herrscht *Einheit* in der Gemeinde? Wird sie immer wieder ermahnt, dass niemand schlecht über die Brüder und Schwestern denkt und redet? Das Thema „Einheit" nimmt im NT einen überraschend großen Raum ein. Die Einheit hat elementar etwas mit der missionarischen Vollmacht der Gemeinde zu tun.

3. Die Gemeinde hat eine durchdachte, herzliche *Willkommenskultur für Gäste*. Diese entsteht nicht von selbst, die muss bewusstgemacht und regelrecht eingeübt werden. Da genügt es nicht, zwei Gemeindeglieder zur Begrüßung am Eingangstor zu postieren. Jedes Gemeindeglied spreche auch innerhalb des Kirchenraumes jede Person an, die ihm fremd ist, und das Ganze freundlich, aber unaufdringlich.

4. Die Gemeinde spricht eine *natürliche, unfromme Sprache,* von der Kanzel und auch untereinander. Jesus benutzte kaum religiöse Worte. Er war herrlich natürlich, kein frommer Faselhans. Darum erreichte er die Menschen, die man im Tempel oder in den Synagogen nicht fand. Die Gemeinde wird darin unterwiesen, wie man ohne fromme Worte den eigenen Glauben bezeugt.

5. Sind wir eine *Zellgruppen-Gemeinde,* oder bestehen wir vorwiegend aus Einzelchristen? Das Einzelchristentum ist eine *antimissionarische Struktur.* Für neu Hinzugekommene ist es schwer, unter Einzelchristen geistliche Heimat zu finden. Das aber ist wesentlich, dass neue Freunde in einer Gruppe der Gemeinde Aufnahme finden. Dazu eignen sich besonders Gruppen, die neben Bibellese und Gebet auch kreative Elemente aufgenommen haben, z. B. missionarischer Kreis für diakonische Dienste, für Umweltfragen, missionarischer Töpfer- oder Bastelkreis usw.

6. Wird die Gemeinde mit heiligem Ernst immer wieder angeleitet, *eine Bibel lesende und betende Gemeinde* zu sein? Christen, die regelmäßig aus der Quelle schöpfen, bleiben geistlich wach. Dadurch haben sie geistliche Kraft für die Sendung, in die sie gestellt sind. Die innere Sammlung ist lebensnotwendig für die missionarische Nächstenliebe.

Gott möchte so gern spüren, dass wir ihn lieb haben. Am besten können wir es ihm zeigen, wenn wir die lieben, die er besonders liebt. Das sind die, denen es schwerfällt, an ihn zu glauben, die Verzweifelten und Zweifelnden, Suchenden und Verlorenen unseres Dorfes, unserer Stadt.

Offen für alles, was weiterbringt
Neue Predigtkultur

Fußball – das ist Konzentration auf das eine große Ziel. Die Einseitigkeit bündelt die Kräfte und verschafft allen Beteiligten Glücksgefühle, Begeisterung, Erfahrungen, natürlich auch Enttäuschungen. Und das alles, weil man nur eines will: Tore schießen und siegen!

Dabei ist man geradezu hungrig nach neuen Einsichten: Wo lässt sich etwas hinzulernen? Wie kann man besser verteidigen oder erfolgreicher stürmen. Sobald etwas Neues überzeugt, wird es auch schon trainiert – solange, bis es in Mark und Bein übergeht.

Um die *Umsetzung* des Neuen geht es und immer wieder um die *Umsetzung*. Das erinnert an hebräisches Denken, an biblisches Fühlen und Handeln. Wir sahen, dass der Heilige Geist ein Praktiker ist. Seine Leidenschaft ist die Konkretion. Gottesgedanken drängen zur Gestaltwerdung! Das gepredigte Wort drängt zur Tat. Gottesdienst ist bei uns Reden und Hören. Woche für Woche Theorie. Das macht etwas mit der Gemeinde. Die Seelen stumpfen ab.

Die Hebräer denken zusammen, was wir trennen, nämlich *Wort* und *Tat*. Der hebräische Begriff *Dabar* heißt *Wort*. Zugleich heißt es *Begebenheit, Geschehnis, Tat*. Gott sprach: „Es werde Licht! Und es ward Licht", 1. Mose 1,3. Das Wort setzt ein Geschehen in Gang.

Sonntag für Sonntag hören wir im Gottesdienst eine neue Predigt. Dann folgt das Amen. Was folgt nach dem Amen? Da muss doch etwas geschehen! Was wird da in Gang gesetzt? Oft dauert es keine Stunde und die Predigt ist weg, einfach vergessen.

„Jeden Sonntag läutet es zum Gottesdienst; da tritt der Pfarrer auf die Kanzel: Das geschieht mit der gleichen Regelmäßigkeit wie das Auftauchen der Müllabfuhr am Donnerstag. Dieses

Funktionieren der Kirche verführt zur Gedankenlosigkeit. Gerade das Funktionieren der Kirche verführt viele Christen, nicht über die Kirche nachzudenken. Warum sollten sie auch. Sie brauchen ja auch über die Müllabfuhr nicht nachzudenken, solange diese funktioniert."[29]

Das folgenlose Funktionieren unserer Predigtkultur widerspricht dem Heiligen Geist, der ein Praktiker ist. Dass das, was wir hören, getan werden will, ist der Gemeinde oft unklar. Wir Verkopften hören ein Bibelwort und fragen: „Was mag das bedeuten?" Die Frage, die die Bibel provoziert, lautet dagegen: „Was sollen wir jetzt tun?" Wir haben aus dem dynamischen „Lehrt sie halten!" ein leichenblasses „Lehrt sie!" gemacht. Zwischen beiden klaffen Welten.

„Lehrt sie halten" heißt: Lehrt sie, es zu tun, lehrt sie auch *wie* man es tut, *damit* sie es tun. Ein Tun von Herzen ist gemeint, aus Liebe zu Gott und den Menschen. Das Lehren und Lernen in unseren Gottesdiensten ist so anders, dass man von Lernen kaum reden mag. Wir hören, hören, hören. Wir hören viel zu viel. Die Gemeinde bleibt stumm, darf im Gottesdienst nicht nachfragen, Kommentare zur Predigt sind nicht vorgesehen, auch nicht das Äußern einer gewonnenen Erkenntnis. Seltsam, dass sich diese Art – einmal eingespielt – so lange fast widerspruchslos halten konnte. Der Theologe Adolf Schlatter schreibt 1931 sein Buch „Der Aufstieg der evangelischen Kirche von der Reformation zur Gegenwart". Da keimt die Verwunderung einmal auf:

> „Einer spricht im Gottesdienst, nur einer; irgendwelcher Austausch ist ganz unmöglich. Die einzige Weise, wie die Gemeinsamkeit zustande kommt, ist das Lied; aber auch unsere Lieder sind sehr häufig Betrachtungen, die die einzelne Seele über sich anstellt ..."[30]

---

29 Rudolf Bohren: Ekklesiologie. Von der Schwierigkeit zu sagen, was Kirche sei. Waltrop: Spenner, 2005, 18 f.
30 Adolf Schlatter: Die Freude des Glaubens. Stimmen und Studien, Hg. Udo Smidt, Gütersloh: Gütersloher Verlagshaus, 1978, 101.

Am nächsten Sonntag wieder großes Thema und Appelle. So wird die letzte Predigt durch die heutige verdrängt. In einem Jahr werden 50-60 Predigten an die treuen Gemeindeglieder gerichtet, vielleicht noch 40 Bibelstunden. Das sind fast 100 Botschaften, bestimmt für ein Fass ohne Boden. Inflation der Wörter. Mit folgenlosen Kurzpredigten abgespeist zu werden, ist würdelos. Die Seele braucht mehr. Dem Beter des alten Bundes ist Gottes Wort kostbarer als Gold, süßer als Honig. Wer es hat, hat unermesslichen Reichtum, Psalm 19,10. Den Reichtum scheint bei uns kaum noch jemand zu finden. Viele suchen woanders, was ihre Sehnsucht stillt. Dabei waren sie in der Kirche doch so nah dran. So nah und doch so fern.

„Ist mein Wort nicht wie ein Feuer, spricht der Herr, und wie ein Hammer, der Felsen zerschmeißt?", Jeremia 23,29. Um solche Wirkung zu erzielen, wird dem Wort in unseren Gottesdiensten 15-20 Minuten zugestanden. Mehr lässt unsere Predigtkultur nicht zu.

Der Aufwand um das Zustandekommen der Predigt und ihr schnelles Vergessen machen keinen Sinn. Da wird weder das Wort noch die Gemeinde ernst genommen. Wir hören Gottes Wort, ohne uns über seinen verbindlichen Charakter im Klaren zu sein. Die unverbindliche Predigt ist eine Beleidigung des Höchsten, als liebe er zu reden, ohne etwas zu sagen.

> *Wir hören Gottes Wort, ohne uns über seinen verbindlichen Charakter im Klaren zu sein.*

Würde die Gemeinde ernst nehmen, was die Predigenden Sonntag für Sonntag an Appellen von sich geben, sie wäre heillos überfordert. Die auf der Kanzel aber erwarten kaum, dass man sie ernst nimmt. Und die Gemeinde weiß, dass sie es kaum erwarten. Es ist, als gäbe es zwischen denen, die predigen und denen, die zuhören, eine heimliche Absprache: „Wir predigen, aber ihr dürft euch nichts dabei denken – das ist nur eine Predigt." So sind denn unsere Gottesdienste weniger vom Heiligen

Geist als von einer Atmosphäre der Unwirklichkeit erfüllt. Theater-Atmosphäre. Hören, ohne das Gehörte in Tun umzusetzen, erzeugt eine kirchliche Scheinwelt. Hören ohne Gehorsam führt zur Verstockung. Unser System gibt der Gemeinde keine Möglichkeit des Gehorsams, muss sie doch am nächsten Sonntag neue Appelle verkraften. „Die Tibetaner haben Gebetsmühlen und wir Predigtmühlen", sagt Rudolf Bohren. Die vielen Reden ohne Konsequenzen führen zur geistlichen Lähmung.

Wir dürfen kein neues Thema behandeln, bis das letzte verstanden und seine Umsetzung auf den Weg gebracht ist. Anderenfalls signalisieren wir, dass es uns mit dem vorigen Thema nicht ernst war und mit dem jetzigen auch nicht.

Die Schätze des Wortes Gottes liegen in der Tiefe. Wir aber surfen auf der Oberfläche. Und wenn wir einmal tiefer eindringen, gibt es kein Verweilen, kein gemeinsames Nachsinnen, Nachfragen, Wiederholen, Vertiefen. Unsere Predigtkultur steht gegen den Geist der Schrift, gegen die biblisch-hebräische Absicht.

„Hebräisches Denken will immer ins Gedächtnis rufen und einprägen. Hören wir den normalen Prediger ... so fällt der Mangel auf: Man kann nicht in die Tiefe führen und wiederholen, man will möglichst wenig einprägen ... Das hebräische Denken will nicht einen geistigen Vorgang verständlich machen, sondern es will darüber hinaus geistige Vorgänge in konkretes Leben übersetzen ... Unsere Predigten sind deshalb so arm, weil sie unfähig sind, das Sprechen Gottes ins Gedächtnis zu rufen und einzuprägen." [31]

Die Gemeinde muss Gelegenheit haben, tiefer zu graben. Das Gehörte ist einzuprägen und umzusetzen. Darum bedarf das Wort der Wiederholung, der Einübung bis hin zur Ausübung. Da gibt es einen wunderbaren Weg: Wir lassen drei oder vier

---

[31] Otto Michel nach Helgo Lindner (Hg.): Ich bin ein Hebräer, Gießen / Basel: Brunnen Verlag, 2003, S 227-228.

Sonntage dasselbe Gotteswort zu uns reden. Was wir gehört haben, ist also am nächsten Sonntag aufzugreifen, zu vertiefen und weiterzuführen.

Das wäre eine neue Predigtkultur: Weniger Predigten! Dafür geben wir dem Wort endlich mehr Raum. Die Gemeinde hört eine Predigt. Am nächsten Sonntag knüpfen wir bei dieser wieder an, graben an der gleichen Stelle weiter.

Statt weiterhin auf der Oberfläche des göttlichen Reichtums zu surfen, tauchen wir in die Tiefe. Die Schätze werden gemeinsam gehoben. Anstelle einer neuen Predigt bekommt nun die Gemeinde das Wort. Der letzte Predigttext wird wieder vorgelesen und gefragt: „Worum ging es? Was wissen wir noch?" Die Hauptgedanken werden neu ins Bewusstsein gehoben. Sie sollen vertieft, nicht zerredet werden. Nach der Erinnerung an die Hauptgedanken schweigen wir. Fünf Minuten. Wir lassen das Wort in der Stille zu uns sprechen. Einige notieren sich ihre Gedanken.

Nach der Stille stellt der Gesprächsleiter Fragen, die das Gespräch eröffnen:
- Wie ist es euch in der letzten Woche
  mit dem Gotteswort ergangen?
- Was hat uns in der letzten Predigt froh gemacht?
  Wo waren wir erschrocken?
- Wo wurden wir zur Umkehr gerufen?
- Was bedeutet das für uns, heute und morgen?
- Wer hat eine Vorstellung davon, wie das gelebt werden kann
  – als Einzelne und als Gemeinde?
- Müssen wir nun etwas ändern
  oder ist besondere Beharrlichkeit von Nöten?

Wir legen nach neuen Erkenntnissen erneut Minuten des Schweigens ein, hören darauf, was der Geist uns sagt. Vor allem stellen wir zum Schluss immer wieder die Frage nach der Praxis: „Wie können wir, was wir gehört haben, denn nun leben?" Das

Wort wirkt auf uns ein. Dadurch wirkt es sich aus. Darum: Weniger Predigten!

Wie oft über einen Text gepredigt wird, richtet sich nach dem Verlauf der Gespräche. Diese brauchen gute Leitung. Jedes Gemeindeglied darf das Wort ergreifen, niemand muss es. Niemand muss befürchten, dass er namentlich gebeten wird, etwas zu sagen. Dauerredner werden liebevoll unterbrochen: „Danke, wir haben Sie verstanden!"

Die Gemeinde bekommt ein Gespür für die Tiefe des Wortes Gottes. Ihr Hören wandelt sich. Bald haben welche die Bibel dabei, auch Schreibstift und Papier. Kirche wird spannend. Die Gemeinde weiß sich ernst genommen. Der Besuch steigt.

Und – wie ergeht es denen, die predigen? Sie erleben, dass die Gemeinde, der das Wort erteilt wird, für Überraschungen gut ist. Dafür werden die Diener und Dienerinnen am Wort entlastet. Sie haben viel mehr Zeit, über Gottes Wort zu staunen. Davon hat die Gemeinde den Segen und ihre Mitmenschen auch.

Vielleicht wird das nicht auf Anhieb gelingen. Man beginne zunächst mit einem Predigtnachgespräch: Die Predigt endet mit einer herausfordernden Frage. Nach dem Gottesdienst geht man in einen Raum, in dem weiter über die Predigt gesprochen wird. Der Prediger ist dort und stellt sich den Fragen. Irgendwann aber verlagern wir das alles – wie beschrieben – in den Gottesdienst selbst.

Wenn Theorie auf Praxis zielt
Lernlust am Sonntagmorgen

Noch einmal Adi Preißler „Grau is alle Theorie – die Wahrheit is auf'm Platz". – Das klingt gut. Richtig aber ist es nur zum Teil: Die Mannschaft bringt einiges auf den Platz, was sie sich im Training angeeignet hat. Ohne gute Theorie kann Praxis nicht gelingen. Theorie ist beim Fußball vielfältig, bunt. Das Trainerteam treibt anstrengende Denkarbeit. Da wird gefragt, beobachtet, überlegt, gewagt und wieder verworfen. Klugheit ist im Spiel.

Während des Trainings gehen neue Lichter auf – einzelne Spieler betreffend. Plötzlich sieht die Trainercrew: „Hey, er ist nicht nur ein guter Abwehrspieler. Der entwickelt ja Talent im Angriff."

Das Training der Christen – so haben wir oben gesehen – kann in Teams, auch in Lehrwerkstätten für Jüngerschaft wie „Theory Into Practice" (TIP) stattfinden.

Der Gottesdienst, der die Gemeinde zu Wort kommen lässt, führt aus geistlicher Unmündigkeit hinaus. Darüber war im vorigen Kapitel die Rede.

Nun gehen wir einen Schritt weiter. Wie oft haben wir es gehört: Der Gottesdienst müsse interessanter sein, zeitgemäße Musik, Anspiele, Pantomime, humorvolle Predigten und überhaupt mehr Farbe in den Gottesdienst. Wer könnte dagegen etwas haben?

Und doch! Die Gemeinde lebt nicht davon, unterhalten zu werden. Geistlich wachsen und reifen wird sie durch gesunde, biblische Nahrung, an der sie zu kauen hat.

„Der Gottesdienst sollte ... der Ort sein, wo der Laie zugerüstet und geschult wird zum Zeugnis in der Welt. In unseren Gottesdiensten aber wird das Volk von Königen und Priestern behandelt wie Kleinkinder, die wohl brav am Tisch sitzen und essen sollen, aber weder fragen, noch reden dürfen."[32] Der Gottesdienst ist aber als Ort der Zurüstung zu entdecken! Zurüstung dort, wo wir uns ohnehin versammeln. An besonderen Sonntagen heißt es:

„Lernlust am Sonntagmorgen –
Einführung ins Priestertum aller Gläubigen."

Da wird Gottesdienst zur Lehrwerkstatt für Praktische Theologie. Wir suchen in unserer Region Christen, von denen wir wissen, dass sie ein be-

> *Der Gottesdienst wird zur geistlichen Lehrwerkstatt.*

stimmtes Charisma haben: Seelsorge, Evangelisation, Lehre, Prophetie, Leitung usw. Diese laden wir in die Gemeinde ein. An 3-4 aufeinander folgenden Sonntagen lehrt z. B. ein *Seelsorger* Theoretisches und Praktisches aus seinem Fachgebiet und stellt sich den Fragen der Gemeinde:

- Was bedeutet es für Sie, Seelsorger zu sein?
- Was machen Sie, wenn jemand klagt,
  er könne nicht vergeben?
- Wie handeln Sie, wenn jemand eine Sünde beichtet?
  Wie gehen Sie damit um?
- Wie sprechen Sie Vergebung aus? Wie segnen Sie?
- Welche Hilfen geben Sie Ratsuchenden mit auf den Weg?
- Was ist das Schönste, das Schwerste in Ihrem Dienst?

Herrlich, wenn Lehren und Lernen im Dialog mit den Gemeindegliedern geschieht! Diese schreiben mit, fragen nach, erhalten fachkundige Antwort, fügen aus eigener Erfahrung etwas hinzu. *Lernlust am Sonntagmorgen!* So ähnlich muss es in den Anfängen der Christenheit gewesen sein (vgl. 1. Korinther 14,26). Viele werden von der Unterweisung des Seelsorgers profitieren. Diejenigen aber, in denen die Gabe der Seelsorge schlummert, sind *besonders* bewegt. Sie entdecken unter Umständen ihr Lebensthema.

---

32 Bohren, Wort, S. 159.

Nach einem gewissen *Abstand* laden wir einen *Evangelisten* ein. Dieser nimmt Stellung zu Fragen, die *seine* Gabe betreffen:
- Was bedeutet es für Sie, Evangelist zu sein?
- Wie geschieht es, dass Menschen im persönlichen Gespräch zum Glauben finden?
- Ist es hinderlich, wenn jemand keine Sündenerkenntnis hat?
- Gibt es neben der Sündenerkenntnis auch andere Zugänge zum Glauben? Wenn ja, welche?
- Wie lernen wir, Geistliches in unreligiöser Sprache zu sagen?
- Wie helfen Sie, wenn jemand glauben möchte, aber nicht kann?

Das ist für *alle* wichtig. Die Gemeindeglieder mit der evangelistischen Gabe aber hören besonders hin. Sie werden vielleicht von jetzt an ihr Charisma entfalten. Gabe weckt Gabe!

Die nächste Einheit bestreitet ein *theologischer Lehrer*.
- Lehren, wie macht man das? Was ist Ihnen dabei wichtig?
- Wie begegnen Sie Vorurteilen gegenüber dem Glauben?
- Wie reden Sie mit Studenten über den biblischen Schöpfungsbericht?
- Wie kann Gott das Elend unschuldiger Menschen zulassen?

Ein andermal wird ein *prophetisch Begabter* eingeladen. Dieser ist kein Wahrsager, sondern jemand, der die Nöte seiner Kirche früher sieht als andere. Er deckt auf, zeigt, was in Zukunft sein wird, wenn alles bleibt, wie es ist. Zugleich macht er sich Gedanken darüber, welche Schritte gesetzt werden müssen. Folgendes wird er u. a. ansprechen:
- Die Krise des Christusglaubens inmitten der Kirche
- Verlust des Horizonts der Ewigkeit
- Abwertung des persönlichen Heils
- Vernachlässigung des Sendungsauftrags
- Die Pfarrerzentrierung, die unsere Gemeinden lähmt
- Kirchliche Selbsterhaltung als kirchliche Selbstzerstörung

Die Auseinandersetzung mit dieser Thematik wird *alle* herausfordern. Zugleich werden vorhandene prophetische Gaben erweckt. Lernprozesse werden angestoßen, wirken weiter. Gaben werden wach. Gemeinde tritt aus der Grauzone geistlicher Unmündigkeit heraus, wird zu einer Mannschaft von mündigen Gliedern.

Protesten aus Theologenkreisen, dies würde Dilettanten erzeugen, begegne ich mit Manfred Seitz, der stellvertretend für andere Gaben zur Seelsorge in der Gemeinde schreibt:

„Unsere Kirche befindet sich in einer merkwürdigen Situation. In den Jahren nach dem Krieg entwickelte sich eine Theologie des Laientums, die zum Teil mit großen Worten sagte, der Laie sei der Missionar des 20. Jahrhunderts. Jedoch nun geht er uns schon wieder verloren dadurch, dass die Seelsorge zu einer Sache der eigens dazu Ausgebildeten geworden ist. Die Gemeindeglieder ohne Ausbildung werden unsicher, ob ihnen die Seelsorge überhaupt noch anvertraut ist. Seelsorge bleibt jedoch Aufgabe der gesamten Gemeinde in allen ihren Gliedern."[33]

Nun ist abzusehen, dass sich der Pool der Begabten, die man einladen könnte, erschöpft. Das bedeutet nicht, dass man zur sonntäglichen Monotonie zurückkehren muss. Missionarische Gemeinden haben Kontakte mit Missionaren und Missionarinnen in Übersee und im eigenen Land. Diese in den Gottesdienst einzuladen und von ihren Diensten berichten zu lassen, dient den Eingeladenen und der Gemeinde gleicherweise.

Lernlust am Sonntagmorgen!

---

33 Manfred Seitz: Praxis des Glaubens. Gottesdienst, Seelsorge und Spiritualität, Göttingen: Vandenhoeck & Ruprecht, 1979, 73.

Kopfeinsatz
Planen ist beten auf Papier

Fußballvereine haben ein klares Konzept. Planung wird großgeschrieben. Die Verantwortlichen setzen sich hin, denken nach und besprechen, welche Maßnahmen angesichts der Herausforderungen zu treffen sind: Wie sieht moderner Angriffsfußball aus? Wie gestalten wir unser Krafttraining?

Will man mit einem Team etwas erreichen, muss man sich hinsetzen und planen. Das gilt – wie wir Jesu Worten entnehmen – auch für die Gemeinde:

„Angenommen, jemand von euch möchte ein Haus bauen. Setzt er sich da nicht zuerst hin und überschlägt die Kosten? Er muss doch wissen, ob seine Mittel reichen, um das Vorhaben auszuführen ... Oder wenn ein König gegen einen anderen in den Krieg zieht, setzt er sich dann nicht zuerst hin und überlegt, ob er sich mit seinen 10.000 Mann dem entgegenstellen kann, der mit 20.000 gegen ihn anrückt?"

Lukas 14,28.31

„Gemeindeaufbau ist Gottes eigenes Werk, der seine Mitarbeiter zu planmäßigem Wirken für intensives und extensives Wachstum der Gemeinde bewegt."[34]

Viele Pastoren kommen wegen ihrer Aufgabenfülle wenig zum Nachdenken über das, was sie tun. So arbeiten sie planlos vor sich hin. Jahre, Jahrzehnte werden verspielt. Eine Gemeinde, die keine aus der Schrift gewonnenen Ziele kennt, ist abhängig von der Diktatur der Zufälle, der Einfälle und des gerade Anfallenden.

Es läuft nie alles nach Plan. Aber ohne Plan läuft vieles durcheinander.

---

34 Manfred Seitz: Erneuerung der Gemeinde. Gemeindeaufbau und Spiritualität, Göttingen: Vandenhoeck & Ruprecht, 1985, S. 48.

Es kann kein Zweifel darüber bestehen: Gott, unser Schöpfer, wirkt und arbeitet nach Plan. Es gibt eine Planfülle in der Natur. Ehe ein Grashalm entsteht, liegt sein Bauplan bereits vor. Die Ameise, der Hund, das Pferd sind im genetischen Entwurf, längst bevor sie sind, genau geplant. Ebenso der Mensch, seine Gestalt und sein Wesen sind durch die Empfängnis („Konzeption") bereits vorweg entworfen. Der genetische Plan liegt vor, lange bevor der Mensch das Licht der Welt erblickt.

Gebet und Planung sind eng miteinander verbunden. Der Beter blickt in seinem Beten dankbar zurück. Er blickt als Fürbittender jedoch auch nach vorn. Er erbittet von Gott, was noch in der Zukunft liegt. Fürbitte ist Nachdenken, betendes Vorausdenken. Fürbitte ist eine Art Planung vor Gottes Angesicht. So darf auch Planung eine Art von Fürbitte in Gottes Gegenwart sein. Geistliche Gemeindeplanung ist – recht verstanden – zu Papier gebrachtes Gebet, sofern es Beter sind, die planen. Liebevolles Planen ist die Voraussetzung für zielgerichtetes Handeln. Um es noch einmal zu sagen: Wir sind nicht auf Zahlen aus. Unsere Ziele müssen nicht messbar sein. Aber wir gehen den einen Weg in die Richtung, die uns vorgegeben ist.

> *Gemeindeplanung ist zu Papier gebrachtes Gebet.*

Beginnen wir, den Sendungsauftrag ernst zu nehmen, ist zu fragen: „Wie werden die Teams unserer Gemeinde, die Haus-, Jugend-, Frauen-, Männerkreise zu Missionsmannschaften und Missionsstationen?" „Was müssen wir tun? Was müssen wir lassen?"

Die Gemeinde – sei sie eine noch so kleine Schar – braucht ein Leitbild. Daran dürfen alle mitwirken. Die Leiter starten einen Denkprozess. Der kann einige Wochen dauern. Auf einer Klausurtagung sind die eingegangenen Gedanken zu bündeln.

Impulsvorträge legen die Grundgedanken dar. In Gruppenarbeiten wird das Leitbild mit den Grundsätzen und konkreten Zielen der künftigen Gemeindearbeit formuliert. Weil hier wahrscheinlich Gemeindeglieder fehlen, wird zu einer Gemeindeversammlung eingeladen. Der Leitbildentwurf wird nochmals präsentiert, diskutiert und ergänzt.

Es kommt auf das Einbeziehen *aller* an, damit der Funke überspringt, das Feuer entfacht wird und konkrete Maßnahmen eingeleitet werden.

Fragen brechen auf:
- Sind wir bereit, uns mit all unseren Gliedern in die Sendung (Mission) unseres Herrn zu stellen?
- Sind wir eine Gemeinde, in der sich nach Wahrheit Suchende wohlfühlen können?
- Gibt es an uns etwas, was Menschen hindert, zu uns zu kommen?
- Was müssen wir ändern?
- Welche Schritte sind zu gehen?
- Gibt es Hilfen, auf die wir zurückgreifen können?
- Welche Schwierigkeiten sind zu erwarten?
- Wer übernimmt welche Aufgabe?

Erfahrungsgemäß werden nun einige wenige die Gemeinde verlassen. Dafür kommen andere begeistert und bewegt hinzu.

Die Störungen

Fouls, Fair-Play und Rote Karten
Kirche mit den zwei Gesichtern

Fußball hat zwei Gesichter. Das eine zeigt den sportlichen Wettkampf, die Freude und die Begeisterung an der Sache. – Das schöne Gesicht.

Da ist aber auch eine andere Seite. Auf dem Rasen wird leider gelogen und betrogen. Die gegnerische Mannschaft wird von den Fans ausgepfiffen und beschimpft. Spieler werden wie Gegenstände behandelt. Man spricht von *Spielermaterial*. Trainer, gestern noch gefeiert, werden heute verdammt. – Das hässliche Gesicht.

Dem Doppelgesicht des Fußballs entsprechen die zwei Gesichter der Kirche. „Kirche ist Heiligkeit und Verrat zugleich."[35]

Das göttliche Gesicht: Menschen werden von Schuld befreit, Hungernde werden gespeist, Nackte bekleidet, Gefangene besucht, Kranke gepflegt. Die Kirchengeschichte ist eine Segensgeschichte ohne Beispiel in der Welt. Im Gemeindealltag findet sich ebenfalls vieles, was das Herz bewegt: Hingabe, Opferbereitschaft, Krafteinsatz – ohne viel Aufhebens davon zu machen. Glanz liegt über dem göttlichen Gesicht der Kirche. Das NT nennt die Gemeinde „Salz der Erde" und „Licht der Welt", auch liebevoll „Jesu Leib" oder „Braut". Kirche ist eine königliche Priesterschaft, Gemeinschaft der Heiligen. Dass Christen Heilige sind, ist nicht immer sichtbar. Das muss geglaubt werden.

Wie auch immer – uns ist ein Schatz anvertraut:

„Wir allerdings sind für diesen kostbaren Schatz, der uns anvertraut ist, nur wie zerbrechliche Gefäße, denn es soll deutlich werden, dass die alles überragende Kraft, die in unserem Leben wirksam ist, Gottes Kraft ist und nicht aus uns selbst kommt."

2. Korinther 4,6 ff.

---

35 Fulbert Steffensky: Schwarzbrot-Spiritualität, Stuttgart: Radius Verlag, 2005, S. 27.

„Nur wie zerbrechliche Gefäße" – das weist auf die andere Seite der Kirche. Sie hat ein göttliches, aber auch ein *menschliches, manchmal unmenschliches Gesicht*. Die Schuld, die sie in den Jahrhunderten auf sich geladen hat, wiegt zentnerschwer. Auch der Gemeindealltag kennt neben der göttlichen die menschliche Seite. Die beiden Gesichter der Kirche sind zu unterscheiden, aber nicht zu trennen. Den Schatz gibt es nur in zerbrechlichen Gefäßen.

Lange Zeit war das Gefäß bei uns die Volkskirche, protestantischer oder katholischer Prägung. Das ist, wie es scheint, am Zerbröckeln. „Wir müssen damit rechnen, dass der Geist, der weht, wo er will, immer wieder an neuen Plätzen, in neuen Formen Kirche sich ereignen lässt, auch auswandert aus den alten Kirchenhäusern und Kirchenformen."[36]

Das NT weiß vom unschönen Gesicht der Kirche, wie diese Ermahnungen zeigen:

„... legt alle Falschheit ab und haltet euch an die Wahrheit, wenn ihr miteinander redet. Wir sind doch Glieder ein und desselben Leibes! Wenn ihr zornig seid, dann versündigt euch nicht. Legt euren Zorn ab, bevor die Sonne untergeht. Gebt dem Teufel keinen Raum in eurem Leben! Wer bisher ein Dieb gewesen ist, soll aufhören zu stehlen ... Kein böses Wort darf über eure Lippen kommen. Vielmehr soll das, was ihr sagt, gut, angemessen und hilfreich sein; dann werden eure Worte denen, an die sie gerichtet sind, wohl tun ... Bitterkeit, Aufbrausen, Zorn, wütendes Geschrei und verleumderisches Reden haben bei euch nichts verloren, genauso wenig wie irgendeine andere Form von Bosheit ..."
Epheser 4,14-31

Das Beispiel eines bösen Fouls unserer Tage:

Eine Jugendgruppe brennt darauf, ihren Altersgenossen Jesus zu verkünigen. Sie beschließt, eine missionarische Jugendwo-

---

36 Helmut Gollwitzer: Vortrupp des Lebens, München: Chr. Kaiser, 1975, S. 70.

che durchzuführen. Begeistert unterbreiten die jungen Leute dem Pfarrer ihr Vorhaben. Dieser mauert. Das sei Machermentalität. Dass Menschen zum Glauben kommen, müsse man dem Heiligen Geist überlassen. – Dieses grässliche Foul hat die Rote Karte verdient!

Bestimmt wären welche zum Glauben gekommen. Das hätte ihr Leben und in weiterer Folge das ihrer Kinder und Enkelkinder verändert. Wenn Jugendliche zum Glauben finden, werden sie einmal andere Eltern bzw. andere Großeltern sein, als wenn sie ihr Leben ohne Gott geführt hätten. – Das alles wurde durch die Borniertheit eines Pfarrers verspielt. Warum bloß sind die Jugendlichen diesem Pseudohirten widerstandslos gefolgt?

Zusammenprall
Die Fundamentalismus-Keule

Heute spielen sie wieder. Verbissen ringen sie um jeden Meter. Erneut geht es um alles. Leider gelingt diesmal nur wenig. Die Nerven liegen blank. Fouls. Gelbe Karten. Beschimpfungen. Der Unparteiische hat es schwer. Da kommt das runde Leder im hohen Bogen in den Torraum geflogen. Zwei Kontrahenten springen, schrauben sich ihm entgegen und – Peng! Zusammenprall! Sie sinken zu Boden. Die Köpfe bluten. Sanitäter rücken heran.

Zusammenprall gibt es auch in den Gemeinden. Gott sei es geklagt. Nicht nur aus Versehen, nein, überlegt, gewollt, gezielt. Attacke gegen den Störenfried. Theologen und Theologinnen zeigen sich hier besonders geübt. Was hat man nicht schon alles erlebt. Gegenseitiges Verletzen, Verwunden. Und sonntags predigen sie wieder die Nächstenliebe.

„Hütet euch vor dem Sauerteig der Pharisäer, vor der Heuchelei!", wendet sich Jesus an die Jünger. Nun könnte ich von Heuchlern erzählen ... Ich tue es lieber nicht. Käme ja selber nicht gut dabei weg.

Nur eines möchte ich noch einmal erwähnen, weil es am schwersten wiegt: „Freude", sagt Jesus, „ist bei den Engeln, *wenn ein Sünder umkehrt zu Gott*", Lukas 15,10. Dass Sünder umkehren zu Gott, darum geht es. Die Alten nannten es *Bekehrung*. Immer wieder will ich es sagen: Was für die Fußballer das Toreschießen, ist für die Gemeinde Jesu das Gewinnen von Menschen für das Himmelreich. Jesus liegt die Umkehr des Sünders am Herzen. Mit dem Umkehrruf begann er sein öffentliches Wirken. Zu Christus einzuladen ist der entscheidende Dienst der Kirche überhaupt. Vieles andere ist wichtig. Dieses ist wesentlich.

„Unser Pastor lehnt das aber ab. Das sei evangelikal", sagte mir jemand. Dann war Jesus evangelikal und seine Jünger, Paulus, Petrus und Johannes, der Kirchenvater Augustin und Franz von

Assisi, Martin Luther und Graf von Zinzendorf, August Hermann Franke und Adolf Schlatter, Dietrich Bonhoeffer und Karl Barth, Hans-Joachim Iwand, Helmut Thielicke, Gerhard von Rath, Hans Walter Wolff, Manfred Seitz, Rudolf Bohren, Manfred Josuttis, Michael Herbst und viele andere, Papst Benedikt und Papst Franziskus. Alle evangelikal und darum abzulehnen? So einfach ist das?

Was einmal evangelisch war, wird heute als evangelikal verunglimpft. Wer glaubt, dass Christus für unsere Sünden am Kreuz gestorben ist, begraben, auferstanden, wäre evangelikal.

Ein Glaube, der sich christlich gibt und Jesu Sühnetod und Auferstehung leugnet, ist eine neue, heidnische Religion mit dünner christlicher Tünche. Heidnische Religionen sind Gesetzesreligion. So stehen heute nicht selten falsche Brüder und Schwestern auf evangelischen Kanzeln, führen die Menschen ins Verderben, zerstören Glauben und Kirche. Da sie das Evangelium nicht kennen, lediglich die „billige Gnade" (Bonhoeffer), bleibt ihnen nur das Gesetz, das ohne Evangelium seelenmordend ist. Dementsprechend sind ihre Predigten voll von Appellen und guten Ratschlägen für das so genannte gelingende Leben.

Mündige Christen lassen ihre missionarische Nächstenliebe nicht diffamieren. Sie leisten Widerstand oder treten aus, gehen in die Freikirchen. Ein Herz für den Heiland der Menschen zu haben, ihre Ewigkeitsnot zu sehen und zu Jesus einzuladen, ist evangelisch. Uns hilft kein *„verdünntes kulturprotestantisches Geschwätz ..."*[37]

Dass der Mensch zu Gott umkehren darf und muss, ausgerechnet das wird heute von Theologen bestritten. Wer das glaube, sei evangelikal und wer evangelikal ist, sei Fundamentalist – die Fundamentalismus-Keule.

„Kehrt um, das Himmelreich ist nahe herbeigekommen!" So sahen wir, steht bei den Evangelisten Matthäus und Markus an

---

37 Thielicke: Vom geistlichen Reden, S. 49.

der ersten Stelle der Verkündigung Jesu. Mit dem Wort „Himmelreich" ist das innere Wesen der Kirche berührt. Das erschöpft sich nicht in Reparaturarbeiten an unserer Welt. Unsere Bestimmung geht darüber hinaus.

Man kann nur mit Schmerzen beobachten, wie die Kirche im Gleichschritt mit den Zeitgenossen übersieht, dass wir auf der Durchreise zur Ewigkeit sind. In Gogols Komödie „Der Revisor" heißt es: „Wir vergessen ... dass alle unsere Handlungen einst vor einen Revisor kommen werden, den niemand bestechen kann." Und Josuttis, der Theologe, sagt: „Wer ohne Furcht vor dem letzten Gericht existiert, der wird keine Grenze respektieren ..."[38] Das Vergessen des Revisors ermöglichte den Holocaust.

Wir brauchen Gemeinden, die geistesgegenwärtig genug sind, die Zeit zu verstehen – und so geisteskräftig, dass sie den Menschen die Ewigkeit anzusagen wissen. Wir verkommen sonst zu Diesseitskrüppeln. Der Auferstandene ist jenseits unserer kirchlichen Mauern zu verkündigen, damit die Menschen umkehren, und zum Lobe Gottes hineingenommen werden in den himmlischen Gottesdienst (vgl. Hebräer 12,22 f.). Sie müssen es doch erfahren, das im Himmel bejubelte Glück! Dann erst werden ihnen dieses Leben hier, die Mitmenschen, auch die Mitwelt als Gabe des Schöpfers bewusst. Ernster und zugleich liebevoller als aus dem Blickwinkel des kommenden Revisors kann die Welt nicht genommen werden.

So ist die Heilsgeschichte im Weitersagen des Evangeliums durch alle Zeitalter hindurch weitergegangen: „Mission und Bekehrung, das ständige Weitergeben des Lebens der ersten Christen an neue Menschen. Dieser Vorgang macht eigentlich das Wunder des Christentums aus: Es ist ‚Reproduktion ohne Erblichkeit'."[39]

---

38 Manfred Josuttis: Über alle Engel. Politische Predigten zum Hebräerbrief, München: Chr. Kaiser, 1990, S. 57.
39 Eugen Rosenstock-Huessy: Des Christen Zukunft oder: Wir überholen die Moderne, Moers: Brendow, 1985, S. 141.

Das biblische Wort „Bekehrung" wird mancherorts gemieden wie die Pest. Die *acedia*, die Trägheit sitzt tief. Sie mogelt sich um alles herum, was ihr nicht passt. So finden sich im Schwingen der Fundamentalismus-Keule viele Meister.

Die Notwendigkeit der Bekehrung des Menschen, in den lutherischen Bekenntnisschriften fest verankert, wird diffamiert. Dafür, dass solche Theologen die Kirche lähmen, zahlt diese ihnen ein sattes Gehalt und sie schämen sich nicht, es anzunehmen. Die Kirche richtet sich durch ihre unberufenen Diener selber zugrunde (Hermann Bezzel).

Das NT spricht vom *Christus aufnehmen* oder *annehmen* (vgl. Johannes 1,12 und Kolosser 2,2). Luther greift das auf. Er nennt es in seiner Kirchenpostille von 1522 sogar das Hauptstück und den Grund des Evangeliums:

„Das Hauptstück und der Grund des Evangeliums ist, dass du Christus aufnehmest und erkennest als eine Gabe und ein Geschenk, das dir von Gott gegeben und dein eigen sei ... Das ist das große Feuer der Liebe Gottes zu uns, davon wird das Herz und Gewissen froh, gewiss und zufrieden. Das heißt den christlichen Glauben gepredigt."

Glaube wird „von oben her" gewirkt durch Wort und Geist. Er ist Gottes Werk. Was Menschen sollen, nämlich umkehren, das Heil im Glauben ergreifen, ist *die* von Gott gewährte Gnade schlechthin. Nachdem Gott alles getan, nachdem das Evangelium Glaube gewirkt hat, ist der Mensch gewürdigt, sich die Gottesgabe des Glaubens anzueignen. Das ist herrlicher als das Ja der Braut zu ihrem Geliebten vor dem Traualtar und zugleich der große Entscheidungsernst, der keine billige Gnade kennt.

Bei Abseits wird gepfiffen
Harmlose und falsche Motive

Die Abseitsregel beim Fußball: „Zum Zeitpunkt der Ballabgabe müssen sich zwischen jedem angreifenden Spieler und der gegnerischen Torlinie mindestens zwei Gegenspieler befinden." Spieler, die das nicht beachten, rennen ins Abseits, der Angriff ist beendet.

Unsere Gemeinden befinden sich im Abseits, wenn die Verkündigung harmlos ist und das Evangelium in seiner Schönheit und seinem Ernst verleugnet wird. Viele Predigten sind harmlos, kraftlos, ziellos.[40] Ein geistlicher Supergau!

„Wer die Ziele vor Augen hat, die sich einmal die Reformation gesetzt hatte, kann nur mit Grauen beobachten, was in der Kirche Luthers und Calvins aus dem geworden ist, was ihre Väter als den Quellgrund christlichen Glaubens und Lebens verstanden: aus der Predigt."[41]

Die Schergen des dritten Reiches, Hitler, Göring, Himmler etc., waren Glieder der großen Kirchen. Sie waren getauft, gefirmt, konfirmiert. Was hat die Kirche ihnen, als sie jung waren, eigentlich verkündigt? Wie harmlos müssen die Kanzelreden damals gewesen sein? Ist den damals jungen Menschen Gottes Heiligkeit vermittelt worden? Der Hauptgrund ihrer späteren unsagbaren Grausamkeiten jedenfalls war nichts anderes als mangelnde Gottesfurcht.

Eine harmlose Kirche steht im Abseits und damit im Gericht. Wird von denen, die heute predigen, den Verantwortlichen von morgen, ihren Konfirmanden, Firmlingen und Jugendlichen eigentlich Gottes Heiligkeit verkündigt?

---

40 Vgl. Eickhoff: Harmlos – Kraftlos – Ziellos.
41 Helmut Thielicke: Leiden an der Kirche, Hamburg: Furche, 1965, S. 11.

Dirk Schümer titelt: „Gott ist rund – Die Kultur des Fußballs."[42] Er nennt den Fußball eine der verlogensten Erscheinungsformen des Kapitalismus. Gute Beweggründe dieses Sports verkehren sich oft in eine kaum erträgliche Geschäftemacherei. So verkommen gute Motive.

Auch im Volke Gottes verkommen Motive:

Die 6. Vollversammlung der Gemeinschaft Evangelischer Kirchen in Europa gibt eine Schrift heraus: „Evangelisch evangelisieren". Unter 1.1. steht: „Gott hat sich in Jesus Christus der ganzen Welt befreiend zugewandt. Deshalb ist das Evangelium kein Privatbesitz der Kirche. Es ist ihr vielmehr zur Weitergabe anvertraut. Die Kirche bleibt nur vital, wenn sie es mit allen Menschen teilt. Einatmend geht die Kirche in sich, ausatmend geht sie aus sich heraus. Die Kirche muss, wenn sie am Leben bleiben will, auch ausatmen können. Traditionell wird dieses Ausatmen des Evangeliums in Wort und Tat mit den Begriffen ‚Mission' und ‚Evangelisation' bezeichnet."

Das Interesse liegt hier auf der *Kirche. Sie* soll vital sein, soll am Leben bleiben.

Darum sollen wir nun evangelisch evangelisieren? Evangelisation ist Gottes Weise, Menschen zu retten. Sie ist kein Instrument zur Vitalisierung einer um sich selbst besorgten Kirche. Dass sich Menschen um den Erhalt der Kirche sorgen, ist aller Anerkennung wert. Wenn es jedoch vornehmlich um das Kitten des Gefäßes geht und der Schatz, den es birgt, eher Nebensache ist, sind wir Repräsentanten eines korrumpierten Christentums, auf dem keine Verheißung ruht.

> *Evangelisation ist Gottes Weise, Menschen zu retten.*
> *Sie ist kein Instrument zur Vitalisierung einer um sich selbst besorgten Kirche.*

---

[42] Dirk Schümer: Der Ball ist rund. Die Kultur des Fußballs, Berlin: Verlin-Verlag, 1996, S. 22.

Im Internet ist in einem Landeskirchen-Forum zu lesen: „Die reformierten Kirchen der Schweiz verlieren an gesellschaftlicher Relevanz. Der missionarische Auftrag ist neu wahrzunehmen, um ihnen im multikulturellen Umfeld Profil zu geben." Hier wird der Missionsbefehl ebenfalls den eigenen Zwecken dienstbar gemacht.

Im Prospekt eines Theologenkongresses lese ich: „Will die Kirche in Zukunft wieder wachsen, wird sie sich auch denjenigen zuwenden müssen, die vergessen haben, dass sie Gott vergessen haben." „Gemeindewachstum" als missionarisches Ziel?

Von Herzen wünsche ich, dass alle Kirchen wachsen, weil sie herzbewegend das Evangelium predigen, doch nicht um ihrer selbst, sondern um Gottes willen, der will, dass alle Menschen gerettet werden. Gleichzeitig möchte ich mit Fritz und Christian A. Schwarz sagen: „Die Existenzangst der Kirche ist eine dubiose Motivation für Evangelisation und lässt sie zu kirchlicher Propaganda verkommen."[43]

Im Jahre 1983 verabschiedete die VELKD[44] eine „Missionarische Doppelstrategie". Lutheraner stellen sich missionarisch auf! Wunderbar! Sah man genauer hin, wurde deutlich: Man wollte nicht missionieren, damit Menschen zum Glauben kommen. Da stand tatsächlich: „Missionarische Doppelstrategie zur Stabilisierung der Kirchenmitgliedschaft."[45]

„Wer sein Leben erhalten will, wird es verlieren; wer aber sein Leben um meinetwillen verliert", sagt Jesus Christus, „wird es finden", Matthäus 10,39.

---

43 Fritz Schwarz / Christian A. Schwarz: Theologie des Gemeindeaufbaus. Ein Versuch, Neukirchen-Vluyn: Aussaat Verlag, 1984, S. 87.
44 Vereinigte Evangelisch-Lutherische Kirche Deutschlands
45 Genaueres zur missionarischen Doppelstrategie: Michael Herbst: Missionarischer Gemeindeaufbau in der Volkskirche, Stuttgart: Calwer Verlag, 1987, S. 228 ff.

Beinharte Konkurrenz
Vergebung und Gemeindezucht

„Elf Freunde müsst ihr sein" ist ein geflügeltes Wort der Fußballwelt. „Es ist eine romantische Vorstellung, dass eine Mannschaft aus elf Freunden besteht ... es findet unter den 20, 25 Männern ein beinharter Konkurrenzkampf statt. Jeder – ich betone jeder – belauert seine Kollegen und schaut darauf, aus jeder Situation einen Vorteil für sich selbst herauszuziehen."[46]

Das widerspricht natürlich dem allgemeinen Ehrenkodex. Die Vereine haben Grundwerte, nach denen sich jeder zu richten hat: Sportlichkeit, Fairness, Höflichkeit, diszipliniertes Verhalten, Teamfähigkeit, Ehrlichkeit. Der Konkurrenzkampf der Spieler sollte sich dem anpassen, aber das ist wohl eher ein frommer Wunsch.

Vereinsvorstand und Trainer verlangen, dass die Spieler körperlich, aber auch ethisch und moralisch untadelig sind. Alles andere würde den Verein und die Mannschaft belasten. Nun gibt es Spieler, die durch ihr Verhalten intern oder öffentlich Ärgernis erregen. Sie verletzen die Grundwerte. Da man aber alle Kräfte auf den mannschaftlichen Erfolg konzentrieren muss, wird solch ein Spieler ausgeschlossen.

Wie erleben wir es in unseren Gemeinden?

Dort, wo wir einander mit Ehrerbietung, Wertschätzung, Respekt und Barmherzigkeit begegnen, entsteht Gutes und Schönes. Der Gemeinde ist der höchste aller Werte gegeben, das Doppelgebot der Liebe. Daneben gibt es eindrückliche Weisungen:

„... haltet entschlossen zusammen! Lasst nicht zu, dass euch etwas gegeneinander aufbringt, sondern begegnet allen mit der gleichen Liebe und richtet euch ganz auf das gemeinsame Ziel aus. Rechthaberei und Überheblichkeit dürfen keinen Platz bei euch haben. Vielmehr sollt ihr demütig genug sein, von euren

---

46 Lahm, S. 250.

Geschwistern höher zu denken als von euch selbst. Jeder soll auch auf das Wohl der anderen bedacht sein, nicht nur auf das eigene Wohl. Das ist die Haltung, die euren Umgang miteinander bestimmen soll; es ist die Haltung, die Jesus Christus uns vorgelebt hat." Philipper 2,2-5
„Geht nachsichtig miteinander um und vergebt einander, wenn einer dem anderen etwas vorzuwerfen hat. Genauso, wie der Herr euch vergeben hat, sollt auch ihr einander vergeben."
Kolosser 3,13

Mir sind Gemeinden begegnet, die versuchen, nach solchen Weisungen zu leben. Sie machen Fehler, aber wissen von Vergebung und Versöhnung. Andererseits gibt es Christen, die einander wegen Kleinigkeiten verletzen. Sie haben Streit, jedoch keine hilfreiche Streitkultur. Konstruktive Kritik üben und annehmen – beides müssen Gemeindeglieder oft erst lernen.[47]

Ein erster Schritt zur Versöhnung ist, für den, mit dem wir Streit haben, in der Stille vor Gott zu beten. Da fällt es schwer, noch böse Gedanken über ihn zu hegen oder schlecht über ihn zu reden. Gleichzeitig werde ich an eigene Sünden erinnert, die mir vergeben wurden.

> *Ein erster Schritt zur Versöhnung ist, für den, mit dem wir Streit haben, in der Stille vor Gott zu beten.*

„Da wandte sich Petrus an Jesus und fragte: Herr, wie oft muss ich meinem Bruder vergeben, wenn er immer wieder gegen mich sündigt? Siebenmal? – Nein, gab Jesus ihm zur Antwort, nicht siebenmal, sondern siebzigmal siebenmal!"
Matthäus 18,1-22

Siebzigmal siebenmal bedeutet *unbegrenzt*. Wenn sich in der Gemeinde jedoch jemand so verhält, dass diese als Ganzes Schaden

---

47 Siehe dazu: Martina Kessler / Michael Hübner: Von Kritik lernen ohne verletzt zu sein, Gießen / Basel: Brunnen, 2013.

nimmt, ist Gemeindezucht zu üben, die im äußersten Fall bis zum Ausschluss gehen kann. Die Gemeinde steht unter der Sendung ihres Herrn. Diese Sendung darf durch das Fehlverhalten Einzelner nicht gefährdet werden.

Jesus sagt: „Wenn dein Bruder sündigt, dann geh zu ihm und stell ihn unter vier Augen zur Rede. Hört er auf dich, so hast du deinen Bruder zurückgewonnen. Hört er nicht auf dich, dann geh mit einem oder zwei anderen noch einmal zu ihm, denn jede Sache soll aufgrund der Aussagen von zwei oder drei Zeugen entschieden werden. Will er auch auf diese nicht hören, dann bring die Sache vor die Gemeinde. Will er auch auf die Gemeinde nicht hören, dann soll er in deinen Augen wie ein gottloser Mensch sein, wie ein Heide oder ein Zolleinnehmer", Matthäus 18,15-17.

In allen anderen Fällen gilt es zu vergeben: „Nicht siebenmal, sondern siebzigmal siebenmal!"

Wenn der Abstieg droht
„Gericht am Hause Gottes"

Wenn zu wenig Tore fallen, kommen Fußballklubs in die Krise. Der Abstieg droht. Optimisten sehen „Krisen als Chance". Man setzt sich zusammen, berät, ringt um einen Ausweg. Krisenbewältigung.

Manche Gemeinde tritt trotz einiger Aktivitäten auf der Stelle. Ihre Sendung verdrängend befindet sie sich im Abstieg – ohne es wahrzunehmen. Sie feiert Gottesdienst, obwohl es momentan nur zu klagen gibt. „Wir feiern sonntags die Auferstehung des Herrn!", hat man mir in solchen Gemeinden im Brustton liturgischer Überzeugung entgegengehalten. Dabei übersahen sie: *Den Auferstandenen haben wir nur als den uns Sendenden.* Ihn zu feiern und die Retterliebe zu vergessen, ist ein Widerspruch in sich selbst.

Gemeinde, die Gottesdienst feiert, aber teilnahmslos wahrnimmt, wie Menschen ohne den rettenden Glauben an Christus leben, sie auch angesichts anderer Nöten ihrem Schicksal überlässt, feiert nicht wirklich Gottesdienst, sondern betreibt bloßen Kult. Das Sich-Kümmern um das Seelenheil und die Not des Nächsten ist so etwas wie ein Testfall für eine echte Christusbeziehung.

„Ich bin euren Feiertagen gram und verachte sie, mag eure Versammlungen nicht riechen ... Tu weg von mir das Geplärr eurer Lieder", Amos 5. Gemeinden, ganze Landeskirchen sind in der Krise. Sie verstehen – ähnlich wie die Optimisten im Fußballverein – Krise als Chance. Krise kommt im NT von *„krisis"*. Das heißt „Gericht". Das beginnt „beim Hause Gottes" (1. Petrus 4,17). Im Reden von der „Chance" wird das Gericht ausgeblendet und die Gottesfurcht. Ins Gericht gestellt haben *wir* keine Chance. Denn: „Der Geist ist es, der lebendig macht; das Fleisch ist dazu nicht fähig", Johannes 6,63.

Die Unfähigkeit unserer Gemeinden, sich selber Leben einzuhauchen, verbietet jeden Zweckoptimismus. Uns bleibt nur die Klage, die Klage über die Sünden unserer Väter und Mütter, die Klage über uns selbst.

> *Die Unfähigkeit unserer Gemeinden, sich selber Leben einzuhauchen, verbietet jeden Zweckoptimismus.*

„Wer darf denn sagen, dass solches geschehe ohne des Herrn Befehl und dass nicht Böses und Gutes komme aus dem Munde des Allerhöchsten? Wie klagen denn die Leute im Leben also. Ein jeder klage gegen seine Sünde. Und lasst uns erforschen und prüfen unser Wesen und uns zum Herrn bekehren! ... du hast uns mit Zorn überschüttet ... *du hast dich mit einer Wolke bedeckt, dass kein Gebet hindurch konnte."*

Klagelieder 3,37 ff.

Der Prophet bekennt: „Ich rief aber deinen Namen an, Herr, unten aus der Grube" (Klagelieder 3,55). Plötzlich steht da: „Du erhörtest meine Stimme" (Klagelieder 3,56). So ist das Gebet also doch durch die Zorneswolke gedrungen. Welch ein Gott! Selbst hinter seinem Zorn und Gericht steht seine Liebe. *Wo immer Gott Gerichtsworte spricht, es werden Worte der Liebe sein.* „Begreifst du nicht, dass Gottes Güte dich zur Umkehr bringen will?", Römer 2,4.

Lasst uns nicht von unseren Chancen reden. Stattdessen lasst uns als Klagende den Himmel bestürmen: „Komm, Heiliger Geist!" Der Geist führt in den Gottesschrecken. Als Jesaja Gott schaut, ruft er: „Weh mir! Ich bin verloren, denn ich bin ein Mensch mit unreinen Lippen und wohne unter einem Volk mit unreinen Lippen", Jesaja 6,5.

Was uns bleibt, ist die Bitte um den Geist. Wer dies ernsthaft tut, dem gilt Jesu Verheißung. Der Vater „wird denen den Heiligen Geist geben, die ihn darum bitten", Lukas 11,13.

Wie wollen wir Gottesfurcht verstehen? Ist das nicht ein Angst erregendes Wort?

Ich fliege im Flugzeug. Viele Stunden. Leute stehen herum, unterhalten sich. Plötzlich fängt die Maschine an zu schaukeln. Es meldet sich der Lautsprecher: „Hier spricht Ihr Kapitän. Wir fliegen durch Turbulenzen, unruhige Luftschichten. Zu Ihrer eigenen Sicherheit bitte ich Sie, Ihre Plätze einzunehmen und sich anzuschnallen!" Einige Männer, die sich im Stehen unterhalten, reden weiter, als hätten sie nichts gehört. Ein vor mir sitzender Mann geht zum WC. Die Mahnung wird nicht ernst genommen. Die junge Frau neben mir aber schnallt sich sofort an. „Sie befolgen aber auf der Stelle, was der Kapitän sagt", stelle ich fest. Sie errötet leicht und lächelt: „Der Kapitän ist mein Verlobter. Sie verstehen." Ich verstehe. Weil sie den Kapitän liebt, tut sie von Herzen gern, was er sagt. Und dann sagt sie noch: „Wissen Sie, er sagt das ja nicht ohne Grund. Er hat Angst, dass wir uns verletzen. Und wissen Sie, wenn mir etwas passieren würde, nur weil ich seinen Anweisungen nicht gefolgt bin, dann kann er richtig zornig werden, verstehen Sie." Ich verstehe wieder. Er muss sie sehr lieb haben. Sein möglicher Zorn ist ein Zeichen dafür. Es gibt einen Zorn aus Liebe.

„Weise mir, Herr, deinen Weg, dass ich wandle in deiner Wahrheit; erhalte mein Herz bei dem einen, dass ich deinen Namen fürchte."   *Psalm 86,11*

„Der Herr ist mein Licht und mein Heil, vor wem sollte ich mich fürchten, der Herr ist meines Lebens Kraft, vor wem sollte mir grauen?"   *Psalm 27,1*

Der Weitblick

„Für unseren Nachwuchs geben wir alles!"
Sag mir, wo die Teenies sind ...

Sportvereine schauen voraus. Sie legen größten Wert auf die Nachwuchsarbeit. „Für unseren Nachwuchs geben wir alles: Mühe, Zeit und Geld!", sagte mir der engagierte Leiter eines dörflichen Sportvereins. Ich vergesse nicht seinen flammenden Blick. Diese Körpersprache! Sie unterstrich seine Worte. Dann habe ich es selber erlebt. Bis zu unserem Ortswechsel durfte ich Mitglied in diesem Sportverein sein.

Hervorragend ist z. B. das Ausbildungskonzept des VfB Stuttgart. Dort geht es um Sport und Beruf. Zusätzlich wird auf Persönlichkeitsbildung Wert gelegt: Respekt, Fairness, Toleranz, Disziplin, Lernbereitschaft, emotionale Intelligenz, Selbstkritik, soziale Kompetenz. Die Verantwortlichen tun es zum Wohle des Vereins, für seinen Erfolg. Wer wollte das kritisieren, wo so viel Gutes für die Jugendlichen dabei herauskommt? Eine Win-win-Situation.

Wenn sich eine Kirchengemeinde um junge Menschen müht, tut sie es hoffentlich vornehmlich aus einem anderen Grund: „Gott will, dass alle Menschen gerettet werden und dass sie die Wahrheit erkennen", 1. Timotheus 2,4. Dass der Gemeinde auf diese Weise auch Zukunftsperspektiven geschenkt werden, liegt auf der Hand und ist schön.

Dass Gemeinden mit lebendiger Jugendarbeit enorme politische Bedeutung haben, wird kaum bedacht. Wir hören heute von militanten, gewaltbereiten jungen Muslimen, die in unseren Dörfern und Städten aufgewachsen sind. Sie fuhren nach Syrien, wurden dort radikalisiert, kehrten als Terroristen zu uns zurück und beteiligten sich an Attentaten. Hätten alle evangelischen, freikirchlichen und katholischen Gemeinden in Deutschland, Österreich und in der Schweiz in ihren Dörfern, Kleinstädten und Städten von Herzen missionarische Jugendarbeit betrieben, wäre sicher manch Muslim-Teenager von ihnen erreicht worden. Statt nach Syrien zu fahren, wären sie zum Glauben an Christus gekommen und einem der wichtigsten Sätze der Weltgeschichte begegnet: „Liebt eure Feinde!"

Die Unterlassungssünden christlicher Gemeinden im Blick auf Konfirmanden, Firmlinge, Teenager und junge Erwachsene tun weh. Heute wird es offenbar. Die Not der evangelischen Kirchengemeinden mit ihren Konfirmanden ist sprichwörtlich. Oft ist zu hören: „Sie werden aus der Kirche hinauskonfirmiert."

Wo finden Jugendliche eine ihnen entsprechende geistliche Heimat?

Es gibt solche Gemeinden. Gott sei Dank![48] Leider bilden sie die Ausnahme. In Anlehnung an ein weltbekanntes Lied möchte man fragen: „Sag mir, wo die Teenies sind, wo sind sie geblieben?" Oder: „ Sag mir, wo die Konfis sind, was ist geschehn?"

Wahrscheinlich ist nichts geschehen, jedenfalls nichts, was die Konfirmanden Vertrauen hätte fassen lassen zu ihrem Gott. Hinterher erfolgt die bekannte „Abstimmung mit den Füßen". Sie erscheinen nicht mehr. Warum sind viele nach dem Unterricht, der ihnen die schönste aller Botschaften der Welt nahe bringen sollte, restlos bedient?

Ursachenforschung tut not. Oft verfolgen Gemeinden für ihre Konfirmanden kein geistliches Ziel. Dass die Jugendlichen zu Christus finden, ist selten im Blick.

Das hat Gründe. Warum gehen die Verantwortlichen der Kirche ihnen nicht entschlossener nach? In Freikirchen finden sich oft weit mehr Jugendliche als in Gemeinden der Volkskirchen. Dabei kennen Freikirchen nicht den Vorteil, Konfirmanden aus allen Schichten der Bevölkerung einfach zugeführt zu bekommen.

---

48 Wilfried Härle / Jörg Augenstein / Sybille Rolf / Aja Siebert: Wachstum gegen den Trend, Analysen von Gemeinden, mit denen es aufwärts geht, Leipzig, 2008 (5. Auflage, 2013).

Auf der Homepage der Evangelischen Kirche in Hessen-Nassau sind 2009 die Ergebnisse einer bundesweiten Studie zur Konfirmandenarbeit veröffentlicht worden. Da ist u. a. zu lesen:

„… Gute Konfirmandenarbeit stellt den Jugendlichen die Zeit und die Möglichkeit zur Verfügung, um auszuprobieren, inwieweit christliche Inhalte in ihrer spezifischen evangelischen Variante ihnen helfen, sich in der Gesellschaft zurechtzufinden und sich ihrer selbst zu vergewissern als die Person, die sie sein möchten."

Diese Zielangabe raubt mir den Atem. In der gleichen Studie wird Konfirmandenarbeit mit einer geistlichen Zielausrichtung ein Seitenhieb versetzt: „Kirchliche Bildungsarbeit steht im Zeichen der Freiheit und nicht der Indoktrination." Wer so formuliert, hat weder vom Evangelium noch von heutigen Jugendlichen etwas begriffen. Leben diese in einem weltanschaulich neutralen Raum? Sie sind längst mit allen möglichen Meinungen ihrer gottfernen Umwelt vollgestopft. In Wahrheit sind sie bis in die Haarspitzen schon gottlos indoktriniert.

Mitarbeiter an der Studie stimmt nachdenklich, dass nur 33 Prozent der Befragten angaben, dass ihre Glaubensfragen zur Sprache kamen. Also fast 70 % haben über den Glauben wenig vernommen. Das stellt die Tatsache, 70 % seien mit dem Unterricht sehr zufrieden gewesen, in ein Zwielicht. Offensichtlich sind die Konfirmanden inhaltlich gesehen *am Evangelium vorbei* zufriedengestellt worden. Die Teenager gaben zudem an, dass die Kirche auf die Fragen, die sie bewegen, keine Antwort gehabt hatte.

Man muss es erlebt haben, wenn Teenager mit Kopfhörern in den Ohren, viel inneren Ballast mit sich herumschleppend, zu einer missionarischen Konfifreizeit anreisen. Zunächst rebellieren sie gegen alles, was ihre Erwartungen enttäuscht. Bald aber ändern sie sich, wenn ihnen die Liebe Jesu in ihrer Sprache und Begriffswelt verkündigt wird. Sie werden ruhig, aufmerksam, still. Bewegend ist es zu erleben, wie selbst die anfangs Wildesten unter ihnen beim Abschied mit den Tränen kämpfen. Sie haben etwas erlebt, was sie berührt und begeistert hat. Sie haben Menschen gehört und dabei Gottes Liebe erlebt.

Jesus spricht von der Liebesbeziehung zu Gott: „Du sollst den Herrn, deinen Gott, lieben von ganzem Herzen, mit ganzer Hingabe und mit deinem ganzen Verstand!", Matthäus 22,38.

Die Liebesbeziehung zu Gott kann nur eine persönliche sein. Von Konfirmanden habe ich erfahren, dass sie nie gefragt worden waren, wie es ihnen denn mit dem Glauben an Gott, an Jesus Christus persönlich ergehe. Diese seelsorglich doch so wichtige Frage wird i. d. R. ausgeklammert.

> *Eine Liebesbeziehung zu Gott kann nur eine persönliche sein.*

Papst Franziskus schreibt dagegen:

„Ich lade jeden Christen ein, gleich an welchem Ort und in welcher Lage er sich befindet, noch heute seine persönliche Begegnung mit Jesus Christus zu erneuern oder zumindest den Entschluss zu fassen, sich von ihm finden zu lassen, ihn jeden Tag ohne Unterlass zu suchen."[49]

Confirmare bedeutet: den Glauben festmachen. Dass Konfirmanden zum Glauben finden, liegt allein in Gottes Hand. Dennoch darf gefragt werden: Wenn den jungen Leuten die Frohbotschaft selten so gesagt wird, dass sie Zugang zum persönlichen Glauben finden – was soll bei ihrer Konfirmation festgemacht werden?

---

49 Papst Franziskus. Die Freude des Evangeliums. Das apostolische Schreiben „Evangelii gaudium" über die Verkündigung des Evangeliums in der Welt von heute, Freiburg i. Br. / Basel / Wien: Herder, 2013.

Persönlichkeit auf grünem Rasen
„Glaubensriesen – Seelenzwerge"

Die *kleinste* Gruppe unter den Aktiven beim Fußball sind die *Schiedsrichter*. Sie müssen sein. Ohne sie würde jedes Spiel im Chaos enden. Darum nimmt man auch in Kauf, dass ihnen gelegentlich Fehlentscheidungen unterlaufen. Die *größte* Gruppe unter allen Fußballbegeisterten sind dagegen die Zuschauer. Sie kennen sich aus, wissen, was die Akteure tun müssen, um jedes Spiel zu gewinnen. Vom Sofa aus, mit einer Flasche Bier in der Hand, beherrschen sie die Szene. Was ihr spielerisches Können betrifft, ist weniger zu erwarten. In der Theorie sind sie Fußballriesen, in der Praxis eher Fußballzwerge.

Was uns Christen angeht, gibt es Ähnliches. Manche verfügen über ein feines Bibelwissen. Darin überragen sie viele in ihrer Gemeinde. Dadurch, dass jemand die Bibel gut kennt, ist er noch keine geistliche Persönlichkeit.

> *Dadurch, dass jemand die Bibel gut kennt, ist er noch keine geistliche Persönlichkeit.*

„Glaubensriesen – Seelenzwerge", lautet der Titel eines Buches.[50] Der Verfasser zeigt, dass Glaubensstärke und Glaubenswissen allein noch keine Persönlichkeit ausmachen. Biblische Bildung und Herzensbildung können auseinanderfallen.

Der Meistertrainer Joachim Löw möchte, dass jeder seiner Spieler einen Vertrag mit sich selbst abschließt. Er erwartet Selbstkontrolle und Selbstverantwortung.[51] „Von den Spielern wird erwartet, dass sie (...) Begriffe wie Teamgeist und Respekt mit Leben füllen, dass sie auf dem Platz das Fairplay achten, aber auch neben dem Platz gerecht und tolerant miteinander umge-

---

50 Peter Scazzero: Glaubensriesen – Seelenzwerge. Geistliches Wachstum und emotionale Reife, Gießen/Basel: Brunnen, 2011.
51 Christoph Bausenwein: Joachim Löw und sein Traum vom perfekten Spiel, Göttingen: Verlag Die Werkstatt, 2011, S. 311.

hen, dass sie Ehrgeiz zeigen und Disziplin üben, mit Leidenschaft und Freude bei der Sache sind, dass sie also ethisch-moralisch, wie Löw es ausdrückt, ‚absolut auf höchstem Niveau' agieren."[52]

Persönlichkeitsbildung – in der rauen Welt des Fußballs!

Und in der Welt der Christen?

Ein Pastor setzt sich übereifrig für die Gemeinde ein. Fast alle sind begeistert. Was niemand weiß: Als Kind war er gedrillt worden zu funktionieren. Er hatte seiner Mutter als Vorzeigekind gedient, wusste, wie er zu handeln hatte, wenn er von ihr geliebt werden wollte.

Nun ist er Pastor einer Gemeinde. Seine Seele jedoch handelt nach den in der Kindheit erworbenen Mustern. An Mutters Stelle sind die Glaubensgenossen getreten. So hetzt er durch den Gemeindealltag. Jedem und jeder möchte er es recht machen.

Eine Psychologin sagt ihm: „Deine Mutter ist gestorben, du aber fühlst ihren Blick weiterhin auf dich gerichtet. Jetzt hast du 2000 Mütter – die Gemeindeglieder. Von allen möchtest du geliebt werden. Das treibt dich dem Burnout in die Arme."

Geistlich ein Riese ist er seelisch eher ein Zwerg. Er definiert sich nicht von dem her, was er vor Gott ist – bedingungslos geliebt und angenommen. Er definiert sich von dem her, was Menschen über ihn denken und erwarten. Das hält ihn auf Trapp.

Durch Christus sind wir „im Glauben auf Hoffnung hin erlöst", Römer 8,24-25. Das ist das Zentrum. Dennoch bleiben wir Geschöpfe, deren Natur durchs Christsein kaum automatisch zum Guten verwandelt wurde. Uns ist darum geboten, als Glaubende in der Verbindung mit dem Auferstandenen in unserer Persönlichkeit zu reifen. Im NT gibt es die Haustafeln. Sie schildern Wachstumsbedingungen zur persönlichen Reife:

„Lasst im Umgang miteinander Herzlichkeit und geschwisterliche Liebe zum Ausdruck kommen. Übertrefft euch gegenseitig darin, einander Achtung zu erweisen. Seid nicht überheblich,

---

52 Bausenwein: Joachim Löw und sein Traum vom perfekten Spiel, S. 343.

sondern sucht die Gemeinschaft mit denen, die unscheinbar und unbedeutend sind. Haltet euch nicht selbst für klug. Vergeltet niemand Böses mit Bösem. Wenn dein Feind hungrig ist, gib ihm zu essen, und wenn er Durst hat, gib ihm zu trinken. Lass dich nicht vom Bösen besiegen, sondern besiege Böses mit Gutem."   *aus Römer 12*

Wäre das für Christen selbstverständlich, hätte der Apostel es dann erwähnt?

Die Aspekte einer reifen Persönlichkeit sind vielfältig. Ich möchte stellvertretend eine verbreitete Eigenschaft, die geistliche Unreife verrät, und viel Herzeleid verursacht, ansprechen: Das schlechte Denken und Reden übereinander.

Wenn wir zum Glauben gefunden haben, sind unsere charakterlichen Schwächen nicht einfach verschwunden. Manchmal wachsen sie sich sogar noch aus, weil wir uns Ungläubigen gegenüber evtl. überlegen fühlen. Den Habitus des Pharisäers haben gelegentlich auch Christen. Der betete bekanntlich: „Ich danke dir, Gott, dass ich nicht so bin wie die übrigen Menschen – ich bin kein Räuber, kein Betrüger und kein Ehebrecher ...", Lukas 18,11.

Das „Sich für besser halten" drückt sich darin aus, dass wir negativ über unsere Mitmenschen reden. Christen sitzen über andere gern zu Gericht. Eine große Not!

„Schiedsrichter" haben wir so viele, wie es Menschen gibt, die uns kennen. Jeder hat sein Urteil über uns in der Tasche, sei es gut oder schlecht. Manche kennen mich nur vom Hörensagen. Das genügt ihnen, um ein „klares Urteil" über mich zu fällen. Manche kennen mich von vor 30 Jahren. Was sie da an mir gesehen haben, ist ihr Etikett, das sie mir bis heute ankleben. „Schiedsrichter" gibt es viele. Glücklicherweise sind sie nicht unsere Richter. Unser Richter ist der, der zugleich unser Retter ist. Sein Urteil ist unbestechlich. Er hat jedoch unseren Schuldbrief zerrissen und ans Kreuz geheftet, hat selber bezahlt, was wir nie hätten zahlen können. Das ist die Herrlichkeit des Herrn, in der wir stehen dürfen wie in einem wärmenden Licht.

Wer seine Mitmenschen anklagt, soll bedenken, dass es nach der Schrift der Teufel ist, der vor Gott die Rolle des Anklägers einnimmt. Böse über andere zu denken und zu reden, ist erbärmlich bis erbarmungslos. Der bekannte Evangelist Klaus Vollmer sagte in einer Predigt zu einer Dorfgemeinde: „Wer über andere hinter ihrem Rücken schlecht redet, hat Maul- und Klauenseuche!" Das ging durchs Dorf.

Lasst uns lernen, barmherzig auf die Mitmenschen zu schauen. Jesus schreibt uns ins Stammbuch: „Verurteilt niemand, damit auch ihr nicht verurteilt werdet. Denn so, wie ihr über andere urteilt, werdet ihr selbst beurteilt werden, und mit dem Maß, das ihr bei anderen anlegt, werdet ihr selbst gemessen werden", Matthäus 7.

Was sollen wir tun, wenn wir entdecken, dass wir dazu neigen, über andere zu richten? Wir bitten Christus um Vergebung und um Heilung; am besten laut, damit es unsere Ohren hören und es uns erschreckend in die Glieder fährt, wie böse unsere Natur noch immer ist.

Jesu Nähe suchen, fest in ihm bleiben, darum geht es.

„Ich bin der wahre Weinstock, und mein Vater ist der Weinbauer. Jede Rebe an mir, die nicht Frucht trägt, schneidet er ab; eine Rebe aber, die Frucht trägt, schneidet er zurück; so reinigt er sie, damit sie noch mehr Frucht hervorbringt ... Bleibt in mir, und ich werde in euch bleiben. Eine Rebe kann nicht aus sich selbst heraus Frucht hervorbringen; sie muss am Weinstock bleiben. Genauso wenig könnt ihr Frucht hervorbringen, wenn ihr nicht in mir bleibt."

Johannes 15,1-4

In Christus bleiben ist die Grundvoraussetzung dafür, zu reifen. Gott beschneidet die Rebe. Das tut ihr weh. Es gehört Mut dazu, eigene Schuld zu erkennen und sich darunter zu beugen.

Zur Reife gehört es, dass wir ehrlich und selbstkritisch sind, ohne an unseren Defiziten zu verzweifeln. Wir stellen uns der Tatsache, dass wir Sünder sind. Für diese Krankheit haben wir den allerbesten Arzt:

„Erforsche mich, Gott, und erfahre mein Herz; prüfe mich und erfahre, wie ich's meine. Und siehe, ob ich auf bösem Wege bin, und leite mich auf ewigem Wege!" Psalm 139

Zusammenstehen
„Dann wird die Welt glauben ..."

Wie wir sahen, besteht eine der grundlegenden Aufgaben eines Fußballtrainers darin, aus einem Haufen von unterschiedlichsten Individualisten eine Einheit zu formen.

Einmütig zusammenstehen hilft siegen. Wenn Streit aufkommt, der unversöhnt bleibt, müssen personelle Konsequenzen gezogen werden. Durch Dauerstreit zerfällt jede Mannschaft. Zusammenhalt ist das A und O.

Zwischen den Konfessionen und innerhalb der Gemeinden ist die Einheit besonders zu bewahren. „Zu bewahren" schreibe ich, denn die Einheit ist längst vorgegeben. Sie ist im Wesen des Dreieinigen begründet. Mit dieser Einheit tun wir Christen uns schwer. Aus der Dreieinigkeit ist vielerorts eine Drei-*un*-einigkeit geworden.

Im NT spielt die Einheit der Gläubigen eine große Rolle, z. B. in Epheser 4,3-6. Die Häufigkeit, mit der dieses Thema behandelt wird, hat Gründe.

Jesus legt seinen Jüngern das „Vaterunser" in den Mund. Bereits mit der Anrede „unser" schließt er seine Nachfolger zusammen. Alle beten zum gemeinsamen Vater, sind seine Kinder. Tritt Schuld trennend zwischen sie, bitten sie um Vergebung, wie *sie* ihren Schuldigern vergeben. Sie sind im Vater eins und müssen doch immer wieder eins werden.

Jesus bittet den Vater für die Jünger, „dass sie alle eins sind ... Dann wird die Welt glauben, dass du mich gesandt hast", Johannes 17,21. Der Glaube der Welt hängt von der Einheit der Christen ab. Ein Einheitsbrei ist nicht gemeint, jedoch innere Einheit bei allen äußeren Unterschieden. Was einst in der Verwirrung der Sprachen auseinandergerissen wurde (vgl. 1. Mose 11,1-9) wird in

> *Der Glaube der Welt hängt von der Einheit der Christen ab.*

der Einheit der Gemeinde zeichenhaft wieder zusammengebracht.

Dass die Welt durch die zerstrittenen Konfessionen und auch Gemeinden am Glauben gehindert wird, rührt an das Nervenzentrum der Heilsgeschichte Gottes mit den Völkern. Unter diesem dramatischen Vorzeichen stehen die Ermahnungen um Einheit und Warnungen vor Uneinigkeit im NT.

> *"Ich bete aber nicht nur für sie, sondern auch für die Menschen, die auf ihr Wort hin an mich glauben werden. Ich bete darum, dass sie alle eins sind – sie in uns, so wie du, Vater, in mir bist und ich in dir bin. Dann wird die Welt glauben, dass du mich gesandt hast. Die Herrlichkeit, die du mir gegeben hast, habe ich nun auch ihnen gegeben, damit sie eins sind, so wie wir eins sind. Ich in ihnen und du in mir – so sollen sie zur völligen Einheit gelangen, damit die Welt erkennt, dass du mich gesandt hast und dass sie von dir geliebt sind, wie ich von dir geliebt bin."*
>
> *Johannes 20,20-23*

Schlusspfiff

„Wer lernt, ändert sich."[53] Dieser Satz von Manfred Spitzer, dem Gehirnforscher, hat es in sich. Fußballmannschaften, die lernbereit sind, werden bei den Kämpfen um die Meisterschaft eine wichtige Rolle spielen. Ihr Lernen dient dem Toreschießen. Mannschaften dagegen, die wenig dazulernen, deren Spiel über längere Zeit gleich bleibt, sind vom Gegner gut zu berechnen und darum leicht zu besiegen.

Eine geistlich lebendige, missionarische Gemeinde lernt ständig dazu und setzt um, was sie lernt. Sie steht vor immer neuen Herausforderungen und ermöglicht ihren Gliedern dadurch wichtige Lernerfahrungen. Das erhält sie frisch. Missionslose Gemeinden dagegen schränken die Denk- und Erfahrungswelt ihrer Glieder dramatisch ein.

Missionarische Gemeinden gehen mit der Zeit, sind mit dem Evangelium nah bei den Zeitgenossen. Das können wir von Jesus lernen. Er war nah bei den Menschen. Alle konnten ihn verstehen. Viele folgten ihm nach. Dass er rhetorisch hinreißend sprach,

> *Mit der Zeit zu gehen,*
> *nah bei den Zeitgenossen sein!*
> *Das können wir von Jesus lernen.*
> *Er war nah bei den Menschen.*

ist nicht berichtet, jedoch dass er Umstürzendes zu sagen hatte, über Gottes Sünderliebe, seinem Erbarmen mit den Armen und Entrechteten.

Jesu frohe Botschaft hat außereuropäische Völker heute auf neue Weise ergriffen. In Teilen der islamischen oder hinduistischen Welt ist es lebensgefährlich, Christ zu sein. Unsere Schwestern und Brüder dort sind bereit, für Christus zu sterben. Für eine langweilige Sache stirbt niemand. Da muss ein Funke

---

53 Manfred Spitzer: Lernen. Gehirnforschung und die Schule des Lebens, Heidelberg/München: Elsevier, 2014, S. 11.

übergesprungen sein. Jesus war „gekommen, ein Feuer auf Erden anzuzünden", Lukas 12,49.

Ich erinnere:

In Südkorea ereignet sich eine Völkerwanderung hin zum Evangelium: „Endlich frei von der Depression des Buddhismus!", so habe ich Leute dort oft jubeln gehört. Der Strom der Menschen hin zu Christus ist rational schwer zu erklären. In Indien und Afrika gibt es geistliche Aufbrüche, von denen wir uns keine Vorstellung machen können, ebenso in Südamerika. Aus China hören wir, dass ständig neue Hausgemeinden im Untergrund entstehen. In Israel wächst die Zahl der Messianischen Juden. Das Feuer brennt.

In unseren Landen dagegen scheint das Feuer am Erlöschen zu sein. Was ist das? Wir haben eine moderne, akademische Theologie. Bei uns predigen zumeist Hochschulabsolventen. Das haben die jungen Kirchen kaum aufzuweisen, und dennoch strömen die Leute in ihre Versammlungen. Wir sind reicher als sie – und uns laufen die Leute davon.

Bei aller Theologie und allen tollen Gottesdienstformen scheint uns das Evangelium abhandengekommen zu sein. „Lernt von mir!", sagt Jesus. Wer lernt, ändert sich. Freilich kommt es darauf an, von *wem* wir *was* lernen und ob es uns zum Guten hin verändert.

Bei allen Modernisierungen scheinen wir wenig von Jesus gelernt zu haben. Sonst wären wir mit seinem Evangelium näher bei den Menschen. Auch haben viele Gemeindeglieder *ver*lernt, der Welt die Frohbotschaft zu vermitteln. Wir reden viel, haben aber nur wenig zu sagen. Das merken die Leute.

Eine moderne, christliche Theologie, die versäumt, den Menschen die Freude der Erlösung zu verkündigen, ist weder modern noch christlich. Gottesdienste, in denen der Gekreuzigte, Auferstandene und Wiederkommende kaum gepredigt wird und Menschen keine Versöhnung mit Gott erfahren, sind weder modern noch Gottesdienste. Die Kirche halte ihre eigene Wahrheit nicht aus, meinte Rudolf Bohren.

Luther hatte für die kirchliche Wahrheit gekämpft, er konnte ihren Niedergang nicht ertragen. Darum hat er sich für sie eingesetzt. Davon zeugt – neben vielem anderen – sein Vorwort zum Gesangbuch von Valentin Babst:

„Gott hat unser Herz und Mut fröhlich gemacht durch seinen lieben Sohn, welchen er uns gegeben hat zur Erlösung von Sünden, Tod und Teufel. Wer solches mit Ernst glaubt, der kann's nicht lassen, er muss fröhlich und mit Lust davon singen und sagen, dass es andere auch hören und herzukommen."

Fröhlich und mit Lust davon singen und sagen, dass es andere auch hören und herzukommen! Darum ging es immer, auch heute und allezeit!

Nach dem Spiel ist vor dem Spiel
Ein Plädoyer für klassische Evangelisation

1. In der Evangelisation – in welcher Form auch immer – geht es um das Gottesreich, d. h. um Gott. Diesem aber geht es um die Rettung der Menschen, die die Schrift „die Verlorenen" nennt. Es geht nicht an, falsche Alternativen aufzustellen und eine evangelistische Form gegen eine andere auszuspielen.

2. Die klassische Evangelisation meint kein „Damaskus-Erlebnis", wie ihr angedichtet wird. Sie ist vielmehr als eine wichtige Station in einem oft langen Prozess des zum Glauben-Findens eines Menschen zu verstehen. Pfarrer Klaus Douglas führte in seiner Gemeinde jährlich eine Öffentlichkeits-Evangelisation durch und nannte sie „Oktoberfest"! Er sagt dazu: „Da fahren wir die jährliche Ernte ein." Der Evangelist war dort nur geistlicher „Geburtshelfer".

3. Die klassische Evangelisation ist ein *Gesamtereignis* der Gemeinde und bezieht als solches alle Charismen und praktischen Gaben in *Vorbereitung, Durchführung* und *Weiterarbeit* ein, d. h. die Vielfalt der Gaben wird eingesetzt. Nicht alle sind Evangelisten, aber alle Charismenträger und alle Praktiker stehen mit ihren Gaben unter dem Missionsbefehl. Das kommt in der klassischen Evangelisation besonders zum Tragen.

4. „Es wird gepredigt werden dies Evangelium vom Reich *in der ganzen Welt zum Zeugnis für alle Völker*, und dann wird die Vollendung kommen", Matthäus 24,14.
„Gepredigt werden" = *keryxthesetai*. Da ist an den *keryx*, den *Herold* gedacht, den Botschafter guter Nachricht. *keryssein* ist die Proklamation des Sieges (des Christusnamens) vor einer großen Menge. Das ist in einem Glaubensseminar so nicht möglich. Da-

rum ist der Gemeinde als besondere Maßnahme die klassische Evangelisation aufgegeben.

5. Die klassische Evangelisation hat besonderen *Öffentlichkeitscharakter*, was Matthäus 24,14 entspricht. Sie wird zum *Ortsgespräch*,[54] die säkulare Presse nimmt von diesem Ereignis Notiz. Das Evangelium kommt in die Medien vor Ort. Solch eine Öffentlichkeitswirkung wird ein Glaubensseminar kaum erzielen.

6. Die klassische Evangelisation bedarf zeitgemäßer Modifizierung. Wir verzichten darauf, ein geistliches Vorprogramm durchzuführen. Stattdessen werden Vereine des Ortes eingeladen (Sportverein, Volkstanzgruppe, weltliche Chöre etc.), welche die ersten 30 Minuten bestreiten. Der Bürgermeister des Ortes berichtet kurz (5 Minuten) über die Geschichte des Vereins. Die Erfahrung lehrt, dass auf diesem Wege unkirchliche Menschen unter die Verkündigung des Evangeliums kommen, neben den Vereinsmitgliedern auch deren Angehörige. („Wenn Opa auf der Bühne turnt, kommt unsere ganze Sippe.")

7. Die Gemeinde selbst bedarf der evangelistischen Verkündigung als Glaubensermutigung an ihre eigene Adresse. Sie erfährt in ihr Gottes Liebeserklärungen in besonderer Weise.
Mehr als ein Nebeneffekt ist, dass die glaubende Gemeinde durch das Kerygma des Evangelisten aufgebaut wird. „Es tut gut, es wieder einmal so einfach und klar gehört zu haben", ist das Echo, dass oft aus der Gemeinde kommt. Ist die kerygmatische Predigt für Zweifelnde, Fragende, Suchende ein Locken und Rufen zu Christus hin, so stellt sie für die Gläubigen so etwas wie eine erneuerte *Liebeserklärung* Gottes an ihre Adresse dar. Zum Wesen von Liebeserklärungen gehört, dass sie wiederholt wer-

---

54 Das Wort „Evangelisation" vermeidend haben wir als Titel über Vortragswochen „Ortsgespräch" gewählt.

den. Die glaubende Gemeinde braucht die Liebeserklärungen Gottes, sie braucht Evangelisation.

8. Die klassische Evangelisation ist nicht nur eine Ermutigung für die eigene Gemeinde, sondern für die Christenheit in einer Region.

9. Solange Gott einer Kirche das Charisma des Evangelisten schenkt, darf diese auf Gottes Gabe nicht verzichten. Das Missachten von anvertrauten Pfunden hat nach dem NT ein endgerichtliches Nachspiel (vgl. Matthäus 25,14-30).

10. Wird das Charisma des Evangelisten eingesetzt, erweckt es potenzielle junge Evangelisten, in denen dieses Charisma schlummert. *Gabe weckt Gabe.*

11. Gerade dem Verlangen des heutigen Menschen nach dem Ereignis, dem Event, sollten wir durch modifizierte klassische Evangelisation entgegenkommen.

12. Klassische Evangelisationen sollten möglichst Konfessionen verbindend durchgeführt werden. Erfahrungen im österreichischen Kontext haben gezeigt, wie sehr die Einheit der Menschen an der Basis gefördert wird. Das entspricht der Jesusbitte in Johannes 17, „dass sie alle eins seien!" Ein vielfaches Echo auf solche Glaubenswochen lautete: Hier haben nicht nur Menschen zu Christus gefunden. Hier wurde eine Region verändert.

Literatur

Bausenwein, Christoph: Joachim Löw und sein Traum vom perfekten Spiel. Göttingen: Verlag Die Werkstatt, 2011.

Bezzel, Hermann: Der Auftrag Christi, Hg. Johannes Rupprecht, München: P. Müller, 1948.

Bohren, Rudolf: Beten mit Paulus und Calvin, Göttingen: Vandenhoeck & Ruprecht, 2008.

Bohren, Rudolf: Das Gebet. Teil 1, Waltrop: Spenner, 2003.

Bohren, Rudolf: Dem Worte folgen. Predigt und Gemeinde, Zürich / Stuttgart, 1963.

Bohren, Rudolf: Ekklesiologie. Von der Schwierigkeit zu sagen, was Kirche sei. Waltrop: Spenner, 2005.

Bohren, Rudolf: Mission und Gemeinde. Theologische Existenz heute, München: Chr. Kaiser, 1962.

Bonhoeffer, Dietrich: Gemeinsames Leben, München: Chr. Kaiser, 1973.

Bonhoeffer, Dietrich: Nachfolge, München: Chr. Kaiser, 1976.

Bonhoeffer, Dietrich: Sanctorum Communio. Dogmatische Untersuchung zur Soziologie der Kirche, München: Chr. Kaiser, 1954.

Bruder, Otto (Hg.): Heute schauen wir vorwärts. Ein Blumhardt-Brevier für alle Tage, Zürich / Stuttgart: Zwingli Verlag, 1966.

Deichgräber, Reinhard: Aschenbahn und Himmelreich. Spiritualität in Sport und Spiel, Gießen / Basel: Brunnen Verlag, 2001.

Deichgräber, Reinhard: Gotteshymnus und Christushymnus in der frühen Christenheit. Untersuchungen zu Form, Sprache und Stil der frühchristlichen Hymnen, Göttingen: Vandenhoeck & Ruprecht, 1992.

Deichgräber, Reinhard: Verachteter Dienst. 6 biblische Betrachtungen zum missionarischen Auftrag, Gnadenthal: Präsenz Verlag, 1978.

de Saint-Exupéry, Antoine: Gesammelte Schriften. Band 3, München: Deutscher Taschenbuch-Verlag, 1978.

Eickhoff, Klaus: Gemeinde entwickeln für die Volkskirche der Zukunft. Anregungen zur Praxis, Göttingen: Vandenhoeck & Ruprecht, 1992.

Eickhoff, Klaus: Harmlos – Kraftlos – Ziellos. Die Krise der Predigt und wie wir sie überwinden. Witten: SCM Brockhaus, 2009.

Eickhoff, Klaus: Unterwegs fand ich nach Hause. Stationen einer Durchreise, Holzgerlingen: SCM Hänssler, 2012.

Endres, Peter / Gerald Hüther: Lernlust. Worauf es im Leben wirklich ankommt, Hamburg: Murmann, 2014.

Gremels, Georg (Hg.): Unterwegs zur Mitte. Olav Hanssen – Bausteine einer Biographie, Marburg: Francke Verlag, 2005.

Gollwitzer, Helmut: Vortrupp des Lebens, München: Chr. Kaiser, 1975.

Härle, Wilfried / Jörg Augenstein / Sybille Rolf / Aja Siebert: Wachstum gegen den Trend. Analysen von Gemeinden, mit denen es aufwärts geht, Leipzig, 2008.

Herbst, Michael: Missionarischer Gemeindeaufbau in der Volkskirche, Stuttgart: Calwer Verlag, 1987.

Herbst, Michael: Predigt „Vom Hausbauen", GreifBar plus 157, Online-Publikation, 5. April 2009.

Herbst, Michael / Ulrich Laepple (Hg.): Das missionarische Mandat der Diakonie. Impulse Johann Hinrich Wicherns für eine evangelisch profilierte Diakonie im 21. Jahrhundert, Neukirchen-Vluyn: Neukirchener Verlag, 2012.

Heschel, Abraham Joshua: Der Mensch fragt nach Gott. Untersuchungen zum Gebet und zur Symbolik, Neukirchen-Vluyn: Neukirchener Verlag, 1989.

Heschel, Abraham Joshua: Die ungesicherte Freiheit. Essays zur menschlichen Existenz, Neukirchen-Vluyn: Neukirchener Verlag, 1985.

Höhler, Gertrud: Herzschlag der Sieger. Die EQ-Revolution, Düsseldorf / München: Econ, 1997.

Hüther, Gerald: Kommunale Intelligenz. Potenzialentfaltung in Städten und Gemeinden, Hamburg: edition Körber-Stiftung, 2013.

Hütig, Andreas / Marx, Johannes: Abseits denken. Fußball in Kultur, Philosophie und Wissenschaft. Kassel: Agon Sportverlag, 2004.

Hybels, Bill: Die Mitarbeiter-Revolution. Begeistert in der Gemeinde mitarbeiten, Asslar: Gerth Medien, 2005.

Jeremias, Joachim: Die Gleichnisse Jesu, Göttingen: Vandenhoeck & Ruprecht, 1956.

Jeremias, Joachim: Neutestamentliche Theologie. Teil 1: Die Verkündigung Jesu, Gütersloh: Gütersloher Verlagshaus, 1971.

Josuttis, Manfred: Über alle Engel. Politische Predigten zum Hebräerbrief, München: Chr. Kaiser, 1990.

Kadel, David (Hg.): Die Fußball-Bibel, Asslar: Gerth Medien, 2012.

Kessler, Martina / Michael Hübner: Von Kritik lernen ohne verletzt zu sein, Gießen / Basel: Brunnen, 2013.

Knieling, Reiner: Konkurrenz in der Kirche. Praktisch-theologische Untersuchungen zu einem Tabu, Neukirchen-Vluyn: Neukirchener Verlag, 2006.

Knieling, Reiner: Plädoyer für unvollkommene Gemeinden. Heilsame Impulse, Göttingen: Vandenhoeck & Ruprecht, 2008.

Lahm, Philipp: Der feine Unterschied. Wie man heute Spitzenfußballer wird, München: Kunstmann, 2011.

Lindner, Helgo (Hg.): Ich bin ein Hebräer, Gießen / Basel: Brunnen Verlag, 2003.

Luther, Martin: An den christlichen Adel deutscher Nation, 1520.

Luther, Martin: Schmalkaldische Artikel, In: Die Bekenntnisschriften der evangelisch-lutherischen Kirche (BSLK), Göttingen: Vandenhoeck & Ruprecht, 2014.

Miskotte, Kornelis Heiko: Der Weg des Gebets, München: Chr. Kaiser, 1968.

Neumann, Jörg: Warum soll es nach Plan laufen, wenn es keinen gibt? Die wichtigsten Regeln einer guten Führungskultur, München: Redline Verlag, 2014.

Papst Franziskus: Die Freude des Evangeliums. Das apostolische Schreiben „Evangelii gaudium" über die Verkündigung des Evangeliums in der Welt von heute, Freiburg i. Br. / Basel / Wien: Herder, 2013.

Rahner, Karl: Gebete des Lebens, Hg. Albert Raffelt, Freiburg i. Br. / Basel / Wien: Herder, 2012.

Eugen Rosenstock-Huessy: Des Christen Zukunft oder: Wir überholen die Moderne, Moers: Brendow, 1985.

Scazzero, Peter: Glaubensriesen – Seelenzwerge. Geistliches Wachstum und emotionale Reife, Gießen / Basel: Brunnen Verlag, 2011.

Schlatter, Adolf: Die Freude des Glaubens. Stimmen und Studien, Hg. Udo Smidt, Gütersloh: Gütersloher Verlagshaus, 1978.

Schlatter, Adolf: Die Geschichte der ersten Christenheit, Gütersloh: Bertelsmann, 1926.

Schlatter, Adolf: Die philosophische Arbeit seit Cartesius. Ihr ethischer und religiöser Ertrag, Gießen / Basel: Brunnen, 1981.

Schlatter, Adolf: Gesunde Lehre. Reden und Aufsätze, Velbert: Freizeiten-Verlag, 1929.

Schümer, Dirk: Gott ist rund. Die Kultur des Fußballs, Berlin: Berlin-Verlag, 1996.

Schwarz, Fritz / Christian A.: Theologie des Gemeindeaufbaus. Ein Versuch, Neukirchen-Vluyn: Aussaat Verlag, 1984.

Schweizer, Eduard: Gemeinde und Gemeindeordnung im Neuen Testament, Zürich / Stuttgart: Zwingli Verlag, 1962.

Seitz, Manfred: Erneuerung der Gemeinde. Gemeindeaufbau und Spiritualität, Göttingen: Vandenhoeck & Ruprecht, 1985.

Seitz, Manfred: Praxis des Glaubens. Gottesdienst, Seelsorge und Spiritualität, Göttingen: Vandenhoeck & Ruprecht, 1979.

Dr. Klaus Eickhoff

geboren 1936,
verwitwet und wieder verheiratet,
6 Kinder, 11 Enkelkinder, 1 Urenkel.
Graveurhandwerk,
Theologiestudium,
Gemeindepfarrer,
Evangelist, Buchautor.
17 Jahre Leitung des
Werkes für Gemeinde-Aufbau
in der Evangelischen Kirche in Österreich.
15 Jahre Dozent der
Akademie für Christliche Führungskräfte.
Promotion in Praktischer Theologie:
„Wohin Predigen führt".
Mitbegründer der evangelistischen
Initiative PROVIP.

Seitz, Manfred: Theologie für die Kirche. Beiträge zum christlichen Glauben, Leben und Handeln, Hg. Rudolf Landau, Stuttgart: Calwer Verlag, 2003.

Spitzer, Manfred: Digitale Demenz. Wie wir uns und unsere Kinder um den Verstand bringen, München: Droemer, 2012.

Spitzer, Manfred: Lernen. Gehirnforschung und die Schule des Lebens, Heidelberg / München: Elsevier, 2014.

Sprenger, Reinhard K.: Gut aufgestellt. Fußballstrategien für Manager, Frankfurt a. M. / New York: Campus Verlag, 2008.

Steffensky, Fulbert: Schwarzbrot-Spiritualität, Stuttgart: Radius Verlag, 2005.

Strasser, Peter: Journal der letzten Dinge, Frankfurt a. M.: Suhrkamp, 1998.

Thielicke, Helmut: Leiden an der Kirche, Hamburg: Furche, 1965.

Thielicke, Helmut (Hg.): Vom geistlichen Reden. Begegnung mit Spurgeon, Stuttgart: Quell Verlag, 1961.

Zimmermann, Johannes: Auf dem Wege zur Gemeinde der Zukunft. Gemeindeaufbau vor neuen Herausforderungen. In: Theologische Beiträge, Februar 2005.

Zimmermann, Johannes: Gemeinde zwischen Sozialität und Individualität. Herausforderungen für den Gemeindeaufbau im gesellschaftlichen Wandel, Neukirchen-Vluyn: Neukirchener Verlag, 2006.